CÓMO DOMINAR LA ANSIEDAD

Autor:

Alexander Rodríguez Guzmán

ISBN-13: 978-1496010797

ISBN-10: 1496010795

www.dominiomental.com

info@dominiomental.com

ANTES DE EMPEZAR

Si estás leyendo este libro es porque de seguro la ansiedad forma parte de tu vida y quieres deshacerte de ella. Si estás leyendo este libro te has dado cuenta de que la ansiedad no te permite disfrutar de la vida como quisieras hacerlo. Ese es el primer paso. Al abrir este libro ya has dado el primer paso, es tu primer logro, tu primer triunfo. Acabas de iniciar un camino que te llevará a dominar la ansiedad.

Comenzaremos por definir la ansiedad, ¿qué es?, ¿cómo afecta tu vida? Veremos que la ansiedad es inherente a nosotros y, por lo tanto, somos nosotros los que decidimos si esta ha de provocarnos sufrimiento o por el contrario convertirse en un elemento beneficioso.

También veremos el significado de las fobias, por qué se dan, cómo afecta nuestras vidas y cómo podemos combatirlas.

Finalmente, te enseñaré el Método CRR para dominar la ansiedad. Verás que se trata de un método muy sencillo que podrás aplicar cada vez que sientas que la ansiedad quiere dominarte.

Ya has dado el primer paso, solo de ti depende llegar a la meta y poder disfrutar de tu vida.

Recuerda que en este proceso siempre puedes contar conmigo.

¡Vamos! !Manos a la obra!

ÍNDICE

CÓMO DOMINAR LA ANSIEDAD

INTRODUCCIÓN

El miedo es una emoción desagradable caracterizada por una intensa sensación provocada por la percepción de peligro real o imaginario, presente, futuro o pasado.

El miedo es inherente al ser humano, desde que nacemos hasta el mismo día de nuestra muerte. Por esa misma razón es importante aprender a convivir con él y aceptar que siempre estará presente en cualquier acción que tomemos a lo largo de nuestra vida. Sin embargo, somos nosotros quienes decidimos que tan importante es el papel que le otorgamos al miedo en nuestra vida.

Siempre estamos en búsqueda de nuestra comodidad, por esa razón, evitamos correr riesgos y nos quedamos estáticos porque tenemos miedo al riesgo, al fracaso, al error.

Cuando el miedo es el protagonista principal, la vida puede convertirse en un problema, sucede lo mismo cuando este no representa ningún papel importante en la vida de los seres humanos, es decir, si no tenemos miedo a nada, nos volveríamos temerarios, podríamos saltar de un risco sin ninguna prudencia. Por eso, un miedo prudente y racional es lo más adecuado para vivir.

El miedo es importante en nuestra vida, pero nunca permitas que sea el protagonista principal. Recuerda siempre que la única forma de vencer al miedo es enfrentarse a él.

LA ANSIEDAD

DEFINICIÓN

La ansiedad es el conjunto de respuestas cognitivas, fisiológicas y motoras, que se producen ante una supuesta amenaza. Está caracterizado por sensaciones de agitación, angustia y miedo. Aparece porque nuestro cerebro detecta algo peligroso a nuestro alrededor y se coloca en estado de alerta contemplando dos opciones: huir o luchar.

- *Cognitivas:* Son los sentimientos de malestar, preocupación, temor e inseguridad.
- *Fisiológicas:* Son las respuestas fisiológicas ante la amenaza, como el aumento cardiaco y respiratorio, sudoración y sensaciones gástricas.
- *Motoras*: Presencia de hiperactividad, tartamudez y tensión muscular.

La ansiedad aparece ante la presencia de miedos; es normal en los seres humanos, gracias a ella hemos sobrevivido a lo largo de la historia. Cuando vivíamos en cavernas y salíamos a cazar, la ansiedad nos avisaba de peligros a nuestro alrededor, si no la hubiéramos tenido tal vez nuestra especie hubiese desaparecido.

¿Cuándo la ansiedad se vuelve un problema?

La ansiedad se vuelve un problema cuando la activan cosas que en verdad no pueden dañarte y que, además, son consideradas como inofensivas.

La ansiedad correcta se activa cuando en realidad nos exponemos hacia algo peligroso. Por ejemplo:

– Es correcto sentirse ansioso cuando nos acercamos peligrosamente al borde de un acantilado de 100 metros de altura.

– Es incorrecto sentirse ansioso cuando queremos salir a la calle habiendo afuera un día soleado y cálido.

En estos dos ejemplos notamos que el efecto es el mismo (la ansiedad), pero el desencadenante es distinto (el acantilado y el día soleado y cálido). Uno es correcto y apropiado, mientras el otro no está fundamentado.

Tu nivel de ansiedad puede ser muy alto, pero ten presente siempre que *"Eres tú quien provoca esa ansiedad, y eres tú quien puede pararla"*.

La crisis de ansiedad

Es una experiencia de malestar físico y cognitivo extremo, altamente desagradable, que aparece como consecuencia a la exposición de algún elemento desencadenante aparente o no aparente.

La crisis de ansiedad es una experiencia de terror extremo paralizante; quien la padece puede sentirse a punto de sufrir un paro cardiaco, de morir o de volverse loco.

Una crisis de pánico o ansiedad puede aparecer bruscamente, incluso cuando uno está durmiendo. Algunas personas despiertan repentinamente con síntomas corporales similares a los que aparecen durante una crisis de ansiedad.

La crisis ansiosa se caracteriza por la aparición de los siguientes síntomas:

- Palpitaciones (sacudidas del corazón, elevación de la frecuencia cardiaca).
- Sudoración.
- Temblores, sacudidas y hormigueos en las extremidades.
- Sensación de ahogo o falta de aliento, dificultad para respirar.
- Opresión y dolor en el pecho.
- Náuseas y molestias abdominales.
- Mareo o desmayo.
- Sensación fatalista acerca del futuro.
- Despersonalización (la persona se encuentra como separada de sí misma, como si no fuera él o ella misma).
- Miedo a perder el control o volverse loco.
- Miedo a morir o causar la muerte de alguien.
- Escalofríos y sofocos.
- Sequedad bucal.
- Sensación de perder el control.
- Miedo a enloquecer.

Testimonio de Martha:

Estaba en el supermercado con mi novio realizando las compras de la semana. Cuando terminamos de escoger lo que necesitábamos, nos dispusimos hacer la fila para pagar; de pronto sentí mucho calor sintiéndome mareada, y una opresión en el pecho fue aumentando cada vez más, me sentí tan mal que salí corriendo del supermercado, dejando a mi novio en la fila para pagar.

Dentro del supermercado me sentí a punto de desmayarme, pero cuando estuve fuera, podía respirar mejor y las molestias fueron cediendo.

Después de ese suceso, mi vida cambió, cada día pensaba en lo que me ocurrió y tenía mucho miedo de que me vuelva a ocurrir. Me preocupaba tanto que andaba la mayoría del tiempo estresada y deprimida.

Pero no pasó mucho tiempo para que mi profecía se cumpliera, volví a presentar una crisis parecida en una de las aulas de la universidad, mientras estaba en la clase de uno de mis docentes. Salí huyendo frente a todos mis compañeros de universidad y de mi maestros, se quedaron pasmados sin decir nada.

Desde ese momento me di cuenta de que me molestaba estar en lugares cerrados, me sentía como oprimida, como si esas paredes me aplastaran, es una sensación muy desagradable.

LA HIPERVENTILACIÓN

¿Para qué respiramos?

Los seres vivos necesitamos respirar para dar a nuestro cuerpo energía. Los alimentos que consumimos a lo largo del día deben ser transformados en energía mediante procesos bioquímicos en los cuales está involucrado el oxigeno.

Cuando inspiramos (inhalamos aire) introducimos oxígeno (O_2) en nuestros pulmones. Este será recogido por la sangre y llevado al corazón, que, a su vez, bombeará sangre oxigenada a todo el cuerpo.

El oxígeno ayudará a transformar y metabolizar los nutrientes en energía mediante las reacciones químicas. Todo este proceso genera dióxido de carbono (CO_2), que será recogido por la sangre para llevarlo hacia el corazón y de este hacia los pulmones. Esta sangre, cuando llegue a los pulmones, se desprenderá del CO_2 para que podamos expirarlo y recogerá nuevamente el O_2. De esa forma se repite el ciclo de la respiración.

¿Qué es la hiperventilación?

Es una característica particular en una crisis ansiosa, se identifica por la ventilación pulmonar excesiva.

Es una sensación de no poder aspirar suficiente aire por tener una opresión en el pecho. Esto es algo así como tener hambre de aire, pero no se trata de una necesidad real de oxígeno, sino de una crisis ansiosa, es decir, no nos estamos asfixiando.

Cuando hiperventilamos, el equilibrio entre el O_2 y el CO_2 se rompe.

Los niveles de O_2 se incrementan y los de CO_2 disminuyen. El equilibrio entre estos dos gases existente en los pulmones influye directamente en las proporciones que existen de O_2 y CO_2 en sangre, de manera que las cantidades de CO_2 en sangre también disminuirán. Esa falta de CO_2 envía una señal al cerebro diciendo que respire más lento. Pero en ocasiones es tan grande la ansiedad que no podemos evitarlo.

Al ingerir grandes bocanadas de aire con gran rapidez, se consigue eliminar el exceso de anhídrido carbónico (CO_2), lo que provoca una alcalosis respiratoria (aumenta el pH de la sangre). Este cambio fisiológico en la sangre hace que se libere menos oxígeno en los tejidos, entonces, el corazón aumenta su potencia y frecuencia aumentando la sensación de disnea o ahogo. Formándose así un ciclo vicioso.

Si esta situación no se corrige, se empieza con el entumecimiento u hormigueo en los dedos de ambas manos. Si la alcalosis no se corrige, la sensación va extendiéndose también a los dedos de los pies y a la cara.

Cuando nos sucede esto, es muy normal que nos asustemos, especialmente si no sabemos por qué ocurre.

Mientras hiperventilamos, es decir, mientras respiramos por encima de nuestras necesidades, notamos que nuestro cuerpo reacciona dificultándonos la respiración; de tal manera, que lo más sencillo es pensar que nos estamos ahogando.

Hay que destacar que este fenómeno no es en absoluto peligroso, aunque puede vivirse como algo bastante desagradable.

¿Qué hacer si hiperventilo?

Cuando esté hiperventilando por motivos de la ansiedad, puedo intentar ponerle remedio de la siguiente manera:

a)   Intente que su respiración se vuelva regular. No intente respirar aceleradamente.

Aplique la siguiente técnica de respiración:

Antes de tener una crisis de ansiedad, evalúa primero qué tipo de respiración usas habitualmente: coloca tu mano en tu tórax (pecho) y la otra mano sobre tu abdomen (sobre el estomago) ahora respira como lo haces normalmente.

¿Cuál de tus manos se levanta?

¿La que está en tu pecho?

¿La que está en tu abdomen?

Si la mano que se levanto fue la que está ubicada en tu pecho, tú tienes respiración torácica, al menos es la que usas frecuentemente.

Si la mano que se levanta es la que está en el abdomen, tu respiración es abdominal.

Cuando experimentamos tensión, nerviosismo, esta ansiedad la sientes situada alrededor del pecho o de la garganta, lo que te hace notar que tu respiración es superficial y acelerada con síntomas de angustia en el pecho, con un nudo en la garganta que no te deja respirar ni hablar. Este tipo de respiración (torácica) denota ansiedad y nerviosismo.

En contrapartida, la respiración abdominal es la que nos va a permitir contrarrestar estos signos de ansiedad.

La respiración abdominal es contraria a los síntomas de ansiedad y angustia, por tal razón, vamos a usar esta respiración para manejar estos momentos de crisis ansiosa.

A continuación, te presento la técnica:

Primero: coloca la mano derecha en el abdomen, relaja los hombros y el pecho.

Segundo: inspira: toma aire. Recuerda hacerlo por la nariz. Infla el estómago, esto está diciendo que estamos usando el diafragma del abdomen.

Tercero: bota el aire inhalado, hazlo siempre por la boca. Luego mete el abdomen, encogiendo el estómago.

Cuarto: vuelve a tomar aire subiendo el estómago al abdomen, llenando todo tu abdomen de aire. Luego bota ese aire y encoge el estómago.

Realiza esto siempre con los hombros relajados. Cada vez que inspires cuenta hasta cinco.

Conserva el aire en el abdomen contando hasta tres.

Vas a botar el aire contando hasta cinco. En resumen, lo que tienes que contar es 5 segundos (inhalar) – 3 segundos (retener) – 5 segundos (botar).

Si practicas al principio esta técnica cuatro veces al día,

terminarás por dominarla y podrás usarla antes, durante y después de que se dé la ansiedad.

b) Puede respirar durante unos minutos colocando una bolsa de papel sobre la boca y nariz: lo que se consigue con esto es que inspirarás (inhalarás) una parte del CO_2 que hayas expirado o botado, de manera que aumentará su cantidad en el organismo. Hazlo un minuto como máximo, ya que el incremento del CO_2 puede ser muy alto.

Para la aparición de una crisis de ansiedad no hace falta que exista una situación amenazante o un desencadenante claro o real, ya que la ansiedad puede aparecer incluso cuando uno se encuentra completamente relajado.

Quienes sufren una crisis de ansiedad describen esta situación como un miedo intenso, con un malestar general, lo que en muchas ocasiones los lleva a recurrir a la unidad de emergencias. Pero recuerda lo siguiente: Aunque el malestar sea horrible y uno crea morirse, nadie muere de ansiedad.

"Nadie muere de ansiedad"

La persona ansiosa vive atemorizada por la posibilidad de padecer una nueva crisis y sus posibles consecuencias. Todo ello le puede llevar a modificar sus comportamientos habituales, buscando que las crisis no se repitan. Por tal razón, evitará acudir a los lugares donde en alguna ocasión se disparó su ansiedad o evitará realizar acciones donde en alguna ocasión sufrió la crisis. De esta forma, la persona ansiosa prefiere quedarse aislada en casa, lo termina agravando aún más el problema.

Evidentemente, este temor genera una importante tensión en las actividades diarias, sometidas a una hipervigilancia continua para evitar verse sorprendido por la crisis nuevamente.

Por ejemplo:

Testimonio de Giancarlo

Mis primeras crisis empezaron sintiendo que el aire que inhalaba no llegaba a mis pulmones, esto me hacía sentir que moría asfixiado.

Desde ese entonces en adelante, todos mis miedos se centraron en la falta de aire. Porque cuando empiezo a sentirme ansioso, respiro mucho más rápido que lo habitual y siento que la cantidad nunca es suficiente. Por eso, me siento mareado, tengo hormigueos en los pies y en las manos y hubo una ocasión en la que terminé desmayándome.

Mi vida es una completa tortura, tengo mucho miedo de que esto me vuelva a pasar en un momento importante. De solo pensarlo me entra mucha miedo, me estreso y me deprimo. Quisiera que esto no me ocurra nunca más, no sé qué hacer para poder evitarlo. Por momentos siento que pierdo el control y que no soy yo.

LAS FOBIAS

Son miedos extremos, y son disparadores de ansiedad. Se caracterizan por ser un miedo intenso y desproporcionado ante objetos o situaciones concretas. Por ejemplo: fobia a los insectos (miedo extremo a los insectos).

Existen innumerables fobias, le podemos tener miedo extremo a casi todo lo que nos rodea, el *marketing* y la psiquiatría ha influenciado en esto.

Te mostraré a continuación las fobias más comunes.

Lista de fobias:

FOBIA	OBJETO O SITUACIÓN TEMIDA
Acerofobia	Miedo a los ácidos
Acrofobia	Miedo a las alturas
Acusticofobia	Miedo a los ruidos
Aeroacrofobia	Miedo a los lugares abiertos y altos.
Aerofobia	Miedo a volar
Aeronausifobia	Miedo a vomitar por marearse en el avión
Afenfosfobia	Miedo a ser tocado
Agirofobia	Miedo a las calles
Agliofobia	Miedo a experimentar dolor
Agorafobia	Miedo a estar en espacios abiertos o públicos

Agrafobia	Miedo al abuso sexual.
Agrizoofobia	Miedo a los animales salvajes.
Aicmofobia	Miedo a las agujas
Ailurofobia	Miedo a los gatos
Ailurofobia	Aversión a los gatos domésticos
Albuminurofobia	Miedo a las enfermedades renales
Alektorofobia	Miedo a las gallinas
Algofobia	Miedo al dolor.
Alliumfobia	Miedo al ajo
Allodoxafobia	Miedo a las opiniones
Altofobia	Miedo a las alturas
Amathofobia	Miedo al polvo
Amaxofobia	Miedo a conducir un automóvil
Amicofobia	Miedo a los arañazos o de rascarse
Ambulofobia	Miedo a caminar
Amnesifobia	Miedo a la amnesia
Ancrofobia	Miedo al viento
Androfobia	Miedo a los hombres
Anemofobia	Miedo al viento
Anginofobia	Aversión a ser estrangulado, aversión a ahogarse
Angrofobia	Miedo al enojo
Anquilofobia	Miedo a ser escayolado

Antlofobia	Miedo a las inundaciones
Antrofobia	Aversión a las flores
Antropofobia	Miedo a la gente
Anuptafobia	Aversión a quedarse solo
Apifobia	Aversión a las avispas o a las abejas
Apotenmofobia	Aversión a las personas con amputaciones
Aquafobia	Miedo al agua
Aracnofobia	Miedo a las arañas
Araquibutirofobia	Aversión a que la mantequilla de cacahuete se pegue al paladar
Arrhenfobia	Miedo a los hombres.
Asimetrifobia	Miedo a la asimetría
Astenofobia	Miedo al desmayo
Astrapofobia	Miedo a los rayos
Astrofobia	Miedo a las estrellas
Ataxiofobia	Miedo a la descoordinación muscular
Ataxofobia	Aversión al desorden
Atazagorafobia	Aversión a ser olvidado, aversión a las distracciones u olvido.
Atelofobia	Aversión a la imperfección
Atefobia	Aversión a las ruinas
Atenofobia	Aversión a desmayarse o a debilitarse
Atiquifobia	Aversión al fracaso

Atomosofobia	Miedo a las explosiones atómicas
Aulofobia	Miedo a las flautas
Aurofobia	Miedo al oro
Aurorafobia	Aversión a las auroras boreales
Autodisomofobia	Aversión a oler mal
Autofobia	Miedo a la soledad o a sí mismo
Automatonofobia	Aversión a la cosas animadas, parecen un ser vivo sin serlo
Automisofobia	Aversión a ensuciarse
Bacilofobia	Aversión a los microbios
Bacteriofobia	Aversión a las bacterias
Balistofobia	Aversión a las balas y otros proyectiles
Barofobia	Aversión a la gravedad
Basofobia	Aversión a caerse
Batonofobia	Aversión a las plantas
Batracofobia	Aversión a los anfibios
Bibliofobia	Aversión a los libros
Blenofobia	Aversión a la viscosidad
Bogifobia	Aversión al hombre del saco y, por extensión, a otros seres imaginarios como duendes y espectros
Brontofobia	Aversión a los rayos y los truenos
Bufonofobia	Aversión a los sapos
Cacofobia	Aversión a la fealdad

Caetofobia	Aversión al pelo y a los seres peludos
Cainofobia	Aversión a la novedad
Caliguinefobia	Aversión a las mujeres guapas
Cardiofobia	Aversión a padecer enfermedades cardiacas
Catagelofobia	Aversión al ridículo
Catisolofobia	Aversión a sentarse
Carcinofobia	Miedo a padecer de cáncer
Carnofobia	Aversión a la carne, aversión a comer carne
Catoptrofobia	Aversión a los espejos
Chamainofobia	Aversión a la fiesta de *Halloween*
Chiroptofobia	Aversión a los murciélagos
Ciberfobia	Aversión a trabajar con ordenadores
Ciclofobia	Aversión a las bicicletas
Cimofobia	Aversión a las ondas, aversión a las olas
Cinofobia	Aversión a los perros
Cipridofobia	Aversión a las enfermedades venéreas y a las prostitutas, que supuestamente las contagian
Claustrofobia	Miedo a estar en espacios cerrados
Cleitrofobia	Aversión a quedarse encerrado en un lugar
Cleptofobia	Aversión a ser robado o a robar

Climacofobia	Aversión a las escaleras, a subirlas o a caer por ellas
Clinofobia	Aversión a ir a la cama
Clitrofobia	Aversión a ser encerrado
Coitofobia	Aversión a mantener relaciones sexuales
Coinonifobia	Aversión a las habitaciones
Colerofobia	Aversión a enfadarse, aversión a contraer el cólera
Colpofobia	Aversión a los genitales, particularmente los femeninos
Cometofobia	Aversión a los cometas
Contreltofobia	Aversión a ser víctima de un abuso sexual
Copofobia	Aversión a fatigarse
Coprastasofobia	Aversión al estreñimiento
Corofobia	Aversión a bailar
Cosmicofobia	Aversión a los fenómenos cósmicos
Courofobia	Aversión a los payasos
Cremnofobia	Aversión a los precipicios
Criofobia	Aversión al frío extremo
Cristalofobia	Aversión a tocar cristales de vidrio
Crometofobia	Aversión al dinero
Cromofobia	Aversión a los colores
Cronofobia	Aversión al paso del tiempo

Cronomentrofobia	Aversión a los relojes
Decidofobia	Aversión a tomar decisiones
Defecaloesiofobia	Aversión al dolor de tripas
Deipnofobia	Aversión a las cenas y a las conversaciones en las cenas
Dementofobia	Miedo a volverse loco
Demofobia	Aversión a las multitudes
Demonofobia	Aversión a los demonios
Dendrofobia	Aversión a los árboles
Dentofobia	Aversión a los dentistas
Dermatofobia	Aversión a las enfermedades de la piel
Deshabiliofobia	Aversión a desnudarse ante alguien
Dextrofobia	Aversión a los objetos que están cerca de la parte derecha del cuerpo
Diabetofobia	Aversión a padecer diabetes
Didascaleinofobia	Aversión a ir a la escuela
Diplofobia	Aversión a la doble visión
Dipsofobia	Aversión a la bebida, especialmente a la alcohólica, aversión a emborracharse
Diquefobia	Aversión a la justicia
Disorfofobia	Aversión a la deformidad física
Distiquifobia	Aversión a los accidentes

Domatofobia	Aversión a las casas
Dorafobia	Aversión a tocar la piel de animales
Dromofobia	Miedo a cruzar la calle
Eclesiofobia	Aversión a las iglesias
Electrofobia	Aversión a la electricidad
Elenterofobia	Aversión a la libertad
Enosiofobia	Aversión a cometer un pecado capital
Entomofobia	Miedo a los insectos
Emtrofobia	Miedo a los vómitos
Eosofobia	Aversión al amanecer, aversión a la luz del día
Epistaxiofobia	Aversión a sangrar por la nariz
Epistemofobia	Aversión al conocimiento
Equinofobia	Aversión a los caballos
Eremofobia	Aversión a estar a solas
Ereutrofobia	Aversión a ruborizarse
Ergasiofobia	Aversión al trabajo
Eescabiofobia	Aversión a las costras de la piel
Escatofobia	Aversión a los excrementos
Escolequifobia	Aversión a los gusanos
Escopofobia	Aversión a ser mirado
Escotomafobia	Aversión a la ceguera
Escriptofobia	Aversión a escribir en público

Espectrofobia	Aversión a los fantasmas
Espermatofobia	Aversión al semen
Especsofobia	Aversión a las avispas
Esquelerofobia	Aversión a los hombres malos
Esquiofobia	Aversión a las sombras
Estasibasifobia	Aversión a estar de pie
Estaurofobia	Aversión a las cruces o a los crucifijos
Estenofobia	Aversión a las cosas o lugares estrechos
Estigiofobia	Aversión al infierno
Eufobia	Aversión a recibir buenas noticias
Fagofobia	Aversión a tragar, aversión a comer
Falacrofobia	Aversión a la calvicie
Falofobia	Aversión a tener una erección
Farmacofobia	Aversión a tomar medicinas
Febrifobia	Aversión a tener fiebre
Felinofobia	Aversión a los gatos
Filemafobia	Aversión a los besos
Filofobia	Aversión a enamorarse
Filosofobia	Aversión a la filosofía
Fotoaugliafobia	Aversión a las luces brillantes
Fotofobia	Aversión a la luz
Fronemofobia	Aversión a pensar

Gamofobia	Aversión al matrimonio
Gefirofobia	Aversión a cruzar puentes
Geliofobia	Aversión a la risa
Geniofobia	Aversión a las barbillas
Gemnafobia	Aversión a degustar y sentir sabores
Genofobia	Aversión al sexo
Gerascofobia	Aversión a envejecer
Gerontofobia	Aversión a la gente mayor
Gimnofobia	Aversión a la desnudez
Ginefobia	Aversión a las mujeres
Glosofobia	Aversión a hablar en público
Gnosiofobia	Aversión al conocimiento
Grafofobia	Aversión a escribir
Hagiofobia	Aversión a los santos
Hamartofobia	Aversión a cometer pecados
Harpaxofobia	Aversión a ser robado
Hedonofobia	Aversión a sentir placer
Hematofobia	Miedo a la sangre
Herpetofobia	Aversión a los reptiles
Heterofobia	Aversión al sexo opuesto
Hidrargiofobia	Aversión a las medicinas de mercurio
Hidrofobia	Aversión al agua

Hielofobia	Aversión al vidrio
Hierofobia	Aversión a los sacerdotes
Higrofobia	Aversión a los líquidos, aversión a la humedad
Hilefobia	Aversión a sufrir ataques epilépticos
Hipengiofobia	Aversión a la responsabilidad
Hipnofobia	Aversión a dormir
Hobofobia	Aversión a los vagabundos
Hodofobia	Aversión a los viajes, especialmente por carretera
Homiclofobia	Aversión a la niebla
Homilofobia	Aversión a los sermones
Homofobia	Aversión a la homosexualidad
Hoplofobia	Aversión a las armas de fuego
Hormefobia	Aversión a las emociones fuertes
Iatrofobia	Aversión a ir al médico
Ictiofobia	Aversión a los peces y al pescado
Ideofobia	Aversión a las ideas
Ilingofobia	Aversión a padecer vértigo
Iofobia	Aversión a ser envenenado
Isopterofobia	Aversión a las termitas
Lacanofobia	Aversión a las verduras
Laliofobia	Aversión a hablar
Leprofobia	Aversión a los leprosos, aversión a

	contraer la lepra
Leucofobia	Aversión al color blanco
Levofobia	Aversión a las cosas que están ubicadas por la parte izquierda del cuerpo, aversión a los zurdos.
Lilapsofobia	Aversión a los tornados y huracanes
Limnofobia	Aversión a los lagos
Loquiofobia	Aversión a dar a luz
Luifobia	Aversión a contraer la sífilis
Maieusiofobia	Aversión al embarazo
Malaxofobia	Aversión al juego amoroso
Mastigofobia	Aversión al castigo
Mecanofobia	Aversión a las máquinas
Medortofobia	Aversión a la erección masculina
Megalofobia	Aversión a las cosas grandes
Megeirocofobia	Aversión a cocinar
Melanofobia	Aversión al color negro
Melisofobia	Aversión a las abejas
Melofobia	Aversión hacia la música
Meningitofobia	Aversión a las enfermedades del cerebro, especialmente a padecer meningitis
Menofobia	Aversión a la menstruación
Melanofobia	Aversión al color negro
Melisofobia	Aversión a las abejas

Melofobia	Aversión hacia la música
Meningitofobia	Aversión a las enfermedades del cerebro, especialmente a padecer meningitis
Menofobia	Aversión a la menstruación
Merintofobia	Aversión a ser atado
Metalofobia	Aversión al metal
Meteorofobia	Aversión a los meteoritos
Metifobia	Aversión a las bebidas alcohólicas
Metrofobia	Aversión hacia la poesía
Microfobia	Aversión a las cosas pequeñas
Mirmecofobia	Aversión a las hormigas
Mitofobia	Aversión a las mentiras
Mixofobia	Aversión a mezclarse con gente diferente
Monofobia	Miedo a la soledad
Motorfobia	Aversión a los automóviles
Musofobia	Aversión a los ratones
Nebulafobia	Aversión a la niebla
Necrofobia	Aversión a la muerte
Nictofobia	Miedo a la oscuridad o noche
Nosocomefobia	Aversión a los hospitales
Nosofobia	Aversión a enfermar

Nostofobia	Aversión a volver a casa
Nudofobia	Miedo a la desnudez
Numerofobia	Miedo a los números
Obesofobia	Aversión a engordar
Ofidiofobia	Miedo a las víboras
Oneirofobia	Aversión a los sueños
Oneirogmofobia	Aversión a tener sueños húmedos
Onomatofobia	Aversión a escuchar cierta palabra
Ornitofobia	Miedo a los pájaros
Ostraconofobia	Aversión al marisco
Ouranofobia	Aversión al cielo
Papirofobia	Aversión al papel
Parafobia	Aversión a la perversión sexual
Parturifobia	Aversión al parto
Pediofobia	Aversión a las muñecas
Pedofobia	Aversión a los niños
Peladofobia	Aversión a la gente calva
Peniafobia	Aversión a la pobreza
Pirofobia	Miedo al fuego
Placofobia	Aversión a las lápidas
Plutofobia	Aversión a la riqueza
Pluviofobia	Aversión a la lluvia
Pneumatifobia	Aversión a los espíritus

Proctofobia	Aversión a las enfermedades rectales
Pselismofobia	Aversión a tartamudear
Ranidafobia	Aversión a las ranas
Rectofobia	Aversión al recto
Ripofobia	Aversión a defecar
Ritifobia	Aversión de una persona a que le salgan arrugas
Selenofobia	Aversión a la luna
Seplofobia	Aversión a la materia en descomposición
Siderodromofobia	Aversión a los trenes
Sifilofobia	Aversión a padecer la sífilis
Simbolofobia	Aversión a los símbolos
Sitofobia	Aversión a la comida
Sociofobia	Aversión a la sociedad
Somnifobia	Aversión a dormir
Soquerafobia	Aversión a los suegros
Soteriofobia	Aversión a depender de los demás
Surifobia	Aversión a los ratones
Tachofobia	Aversión a la velocidad
Taeniofobia	Aversión a las orugas
Tafefobia	Aversión a ser enterrado vivo
Talasofobia	Aversión al mar
Tanatofobia	Miedo a la muerte

Tapinofobia	Aversión a contagiar o ser contagiado de una enfermedad
Taurofobia	Aversión a los toros
Teatrofobia	Aversión a los teatros
Tecnofobia	Aversión a la tecnología
Teologicofobia	Aversión a la teología
Teratofobia	Aversión a las personas con deformaciones
Termofobia	Aversión al calor
Testofobia	Aversión a hacer exámenes
Tetanofobia	Aversión a contraer el tétanos
Tomofobia	Aversión a la cirugía
Tonitrofobia	Aversión a los truenos
Topofobia	Aaversión a ciertos lugares, aversión a ciertas situaciones
Traumatofobia	Aversión a los accidentes
Tremofobia	Aversión a los temblores de tierra
Tricopatofobia	Aversión al pelo
Tripanofobia	Aversión a las inyecciones
Triquinofobia	Aversión a padecer triquinosis
Urofobia	Aversión a la orina, aversión a orinar
Vaquinofobia	Aversión a vacunarse
Venustrafobia	Aversión a las mujeres hermosas
Xenofobia	Miedo y repugnancia a los extranjeros

Xerofobia	Aversión a la sequedad
Xilofobia	Aversión a los objetos de madera
Zelofobia	Aversión a los celos y la envidia
Zoofobia	Miedo a los animales

También se suele catalogar como fobia a un sentimiento de odio o rechazo hacia algo que, si bien no es un trastorno de salud emocional, sí genera muchos problemas emocionales, sociales y políticos, por ejemplo, la xenofobia, es decir, el odio a los extranjeros o extraños; la homofobia, el odio a los homosexuales.

¿Qué sentimos al tener ansiedad?

Cuando una persona tiene ansiedad se produce excitación en el sistema nervioso, originándose una serie de síntomas.

Por ejemplo:

- – Tensión en el cuello, hombros y espalda.
- – Dificultades de respiración, visión nublada, sofoco.
- – Taquicardia, opresión en el pecho.
- – Sensación de nudo en el estómago, náuseas.
- – Sudoración, temblor, hormigueo en las manos y pies.
- – Temblor, entumecimiento en las piernas.

¿Qué hacemos al tener ansiedad?

La mayoría de personas para tratar de reducir o eliminar la tensión que sienten cuando están ansiosas, suelen comer, fumar, beber en exceso o realizar rituales particulares. Se encuentra en estas actividades alivio momentáneo, pero la práctica excesiva de los mismos pueden traer complicaciones más serias.

De hecho, el café, el abuso del alcohol, del tabaco y la realización de rituales particulares aumentan a la larga, la tendencia a sentir ansiedad porque van generando hábito y adicción.

Algunas personas a fin de evitar las crisis de ansiedad suelen evitar las situaciones que les producen ansiedad, lo que los aísla, sumergiéndolos en una profunda depresión y soledad. Lo que a largo plazo puede ser peor ya que puede convertirse en un habito perjudicial del cual no podemos salir.

Cuanto más se evita hacer frente a una situación desagradable, más fuerte se hace ésta y más débil se encuentra ante ella la persona que le teme. Esta situación ocasiona que el afectado pierda la confianza en sí mismo. Por lo tanto, los problemas no disminuyen, sino que van en aumento.

¿Qué pensamos al tener ansiedad?

Una persona con ansiedad, tiende a exagerar sus problemas, a preocuparse en exceso antes de que ocurran, a esperar lo peor y a decirse a sí misma que, cuando lleguen esos momentos difíciles, no será capaz de superarlos.

Al notar los síntomas propios de la ansiedad, se sentirá físicamente enferma y que algo terrible le va a ocurrir. Este pensamiento fatalista no hará sino aumentar los síntomas de la ansiedad. Son círculos viciosos que se van estableciendo en torno a la ansiedad.

Lo que se tiene que hacer en ese momento es cambiar nuestra programación mental fatalista. ¿Por qué pensar en lo malo que podría pasar?, ¿por qué no pensar en lo positivo que podría ocurrir?

Tú tienes la capacidad de motivarte y superar la ansiedad como también puedes hundirte con ella. No te sabotees tú mismo diciéndote: "Yo no puedo, jamás lo haré, no lo lograré, jamás podré superarlo, soy un tonto, un cobarde". Quita de una vez esas palabras de tu mente. Quítalas ya mismo. Cámbialas por "Yo puedo, yo lo lograré, yo puedo vencer la ansiedad, soy una persona maravillosa".

La ansiedad la provocas tú y solo tú, nadie más, y de la misma forma eres tú quien puede detenerla. Esta no aparece mágicamente, sino que tú la has activado y al igual tú puedas desactivarla en el momento que desees.

¿Qué causa la ansiedad?

Hemos visto una lista de fobias demasiado extensa y solo hemos reportado las más usuales, porque si colocamos las que no son tan comunes la lista sería muchísimo más extensa. Si la has revisado te habrás dado cuenta de que todas tiene algo en común: son miedos. Entonces, nos preguntamos ¿de dónde aparece ese miedo? La respuesta está en alguna mala experiencia temida y no superada.

Por ejemplo:

Ricardo es un niño de siete años de edad a quien en la escuela, en la clase de comunicación de la maestra Gladys, le piden leer un párrafo de un texto literario. Ricardo se pone muy nervioso y empieza a tartamudear constantemente, lo que causa la burla de sus compañeros.

Ricardo, después de esa experiencia, solo tiene dos opciones: la supera o genera una trauma y, por consiguiente, una fobia.

Si no la supera, odiará hablar en público e irá creciendo con esa aversión y ahí tenemos una fobia nueva, desencadenante de ansiedad; porque cuando se vea en una situación similar, cuando tenga que hablar frente a un público, su crisis de ansiedad despertará.

Entonces, ¿qué debió de hacer este niño para no generar esa fobia?

Primero: aceptar la situación, ser consciente de lo que ocurrió, evitar los sentimentalismo y decidirse a remediar el problema.

Segundo: ubicar la causa, ¿cuál fue la causa de que aquello ocurriera? En el caso de Ricardo, fue su falta de preparación.

Tercero: generar opciones, no basta con saber cuál es el problema, sino qué haremos para remediarlo. En el caso de Ricardo, la causa fue su falta de preparación, él tendrá que buscar opciones para que eso no vuelva a ocurrir, por ejemplo, tomar clases de oratoria, practicar todas las tardes vocalización, leer en voz alta por lo menos todos los días una hora diaria.

Cuarto: poner en acción sus opciones.

Quinto: enfrentarse nuevamente al miedo, pero preparado. Esa es la clave. Presta atención a esta frase: "Cuando te enfrentes a algún miedo hazlo preparado", nunca como lo hiciste la primera vez, sin ninguna preparación; porque precisamente por esa razón se convirtió en un miedo. Ten esto siempre presente.

En resumen para liberarte de los miedos tienes que hacer:

ACEPTAR – UBICAR LA CAUSA – GENERAR OPCIONES – PONER EN ACCIÓN – ENFRÉNTATE NUEVAMENTE

En la vida te van a ocurrir muchas cosas que te llenarán de miedo, si no los superas, a la larga te traerán problemas. Aquí tienes la forma para superarlos. Eso miedos que a veces consideras insignificantes son los que generan fobias a la larga y hacen infeliz la vida de una persona.

Así que la causa de la ansiedad está precisamente en esos miedos no superados.

¿Estás en búsqueda de la seguridad?

¿Qué es lo que te hace sentir seguro?

Piensa bien antes de contestar.

Te digo que en realidad no hay nada en la vida que nos haga sentir seguros. La vida no es segura para nadie, nada de ella te pertenece.

Sientes ansiedad porque no te sientes seguro, porque tienes miedo, pero ¿de qué?, ¿por qué? y ¿para qué necesitas esa seguridad? y ¿por qué vivir con miedo?

Si buscas sentir seguridad es porque tienes miedos, de los cuales quieres sentirte resguardado.

Los miedos nunca desaparecen, así que no los puedes ignorar.

Los miedos solo tienen dos caminos: se superan al enfrentarlos o se complican. Si hoy sientes ansiedad y el miedo te afecta es porque no lo has superado y enfrentado en el momento que debías.

Para sentirte 100% seguro tendrías que irte a vivir aislado del mundo, envuelto en una cápsula. La seguridad absoluta no existe, jamás la hallarás.

De seguro crees que vivirás para siempre, pero no lo harás, quizás mañana mueras y el único merito de tu vida habrá sido pasarla buscando seguridad, envuelto en la ansiedad.

Te pregunto:

¿Has visto a los niños jugando?

Ellos son completamente libres, no tienen ningún temor o prohibición y se divierten sintiéndose felices. Sé como uno de ellos.

Si buscas la seguridad absoluta, entonces, olvídate de vivir. La vida cambia constantemente y tú no puedes hacer nada al respecto. Los temores siempre existirán, pero lo único que puede cambiar es tu percepción con respecto a la vida y a lo que consideras sentirte seguro.

Al final, tú eres el único que decide. Decide bien, porque el cómo actúes hoy, será el cómo actúes de aquí, cinco, diez, veinte años adelante.

¿Qué mantiene la ansiedad?

Una vez que la ansiedad aparece, tiende a mantenerse, incluso si parece que ya no hay causa aparente para ello. Esto es debido a que se ha adquirido el hábito de preocuparse, de esperar dificultades y de evitar situaciones difíciles.

Físicamente, el cuerpo se ha habituado a estar tenso y a reaccionar con ansiedad en todo tipo de situaciones. Tu mente y tu cuerpo han generado hábitos ansiosos, los cuales están dirigidos por programas mentales de ansiedad. Son programas que le dicen a tu cuerpo cómo actuar frente a la ansiedad. Estos programas pueden estar completamente errados y ser perjudiciales para ti, pero descuida porque podemos cambiarlos.

La ansiedad genera un círculo vicioso: como los síntomas son desagradables, la persona se vuelve más sensible a cualquier alteración física, se preocupa continuamente de que le pueda pasar algo (de que le dé un ataque cardíaco, pierda el control, etc...), lo que le hace estar más ansiosa. Y así su sintomatología se agudiza.

¿Qué consecuencias tiene la ansiedad?

Lo primero que tienes que tener en cuenta es que la ansiedad no produce lesión en el corazón, pulmones ni mucho menos locura. Aunque es muy desagradable sentirla, no morirás a causa de ella. Sin embargo, la ansiedad sí puede traer consigo sentimientos de infelicidad, depresión, irritabilidad, alteraciones de sueño, desavenencias en las relaciones de pareja, consumo de tóxicos, etc. Por ello, es muy importante aprender a manejarla. Y tú ya estás en ese camino, y verás que lo lograremos juntos.

¿Cómo hacer para que la ansiedad no vaya creciendo?

Lo primero de todo es impedir que la ansiedad siga creciendo. Para ello, la persona ansiosa tendrá que ir haciendo algunos cambios en su estilo de vida. Por eso:

- Haga algo de ejercicio físico, cualquier actividad física (ir a pasear, natación, ciclismo, etc.), mínimo una hora diaria. Si hace más mucho mejor.

- Decida qué cosas hay que hacer necesariamente y qué cosas se pueden aplazar para otra ocasión. No intente hacer todo a la vez. No te estreses solo por cosas que tal vez no son tan importantes hacerlas hoy. No seas tú quien se provoque una crisis ansiosa, por eso, organízate; de esa forma evitarás el estrés y la ansiedad.

- Dedica tiempo solo para ti (tomarse un baño agradable, visitar a una persona amiga o tomar algo con alguien conocido, etc., cualquier actividad que te agrade).

- Póngase objetivos realistas en la vida, sepa qué puede llegar a conseguir. Sueñe con los pies en la tierra, elabore un plan para conseguirlo y manos a la obra, empieza ya mismo.

- Obsérvese y aprenda qué le suele ocurrir cuando empieza a sentir ansiedad. Conózcase en sus momentos de crisis, tratando de razonar cuando esté en ese estado:

  ¿Qué es lo que sientes? ¿Qué lo provocó? ¿Qué te haría sentir mejor? El conocer estas respuestas te servirá para controlar la ansiedad.

  Recuerda que el control es más fácil si se hace apenas se noten los primeros síntomas.

Observa los disparadores de tu ansiedad y aplica la técnica que te mostré para vencer los miedos:

ACEPTAR – UBICAR LA CAUSA – GENERAR OPCIONES – PONER EN ACCIÓN – ENFRÉNTATE NUEVAMENTE

Algunos ejercicios para relajarse

Estos ejercicios los puede aplicar en cualquier momento del día, las veces que crea necesarias.

En primer lugar, adopte la postura más cómoda que le sea posible; recuéstese cómodamente. Afloje la ropa apretada y quítese todo lo que le pudiera molestar (relojes, zapatos, corbata, etc.).

En cada ejercicio, tense el músculo durante unos 10 segundos, notando la tensión. Después, suelte la tensión durante unos 15 segundos, permitiendo que los músculos se relajen. Aprecie la diferencia entre tener el músculo tenso y tenerlo relajado (sensación mucho más agradable). Una vez destensado un grupo muscular, no vuelva a tensarlo.

Empiece tomando aire profundamente y echándolo lentamente.

– **Manos**

Cierre los puños fuertemente; relájelos.

Extienda los dedos; relájelos.

– **Bíceps Y tríceps**

Tense los bíceps (las bolas de los brazos); relájelos.

Tense los tríceps (empujando los brazos hacia abajo); relájelos.

– **Hombros**

Échelos hacia atrás; relájelos.

Empújelos hacia delante; relájelos

– **Cuello**

Échelo hacia la derecha; relájelo.

Échelo hacia la izquierda; relájelo.

Lleve la cabeza hacia adelante hasta que la barbilla se apoye en el pecho; relájela

– **Cara**

Hay muchos músculos en la cara, pero concéntrese únicamente en los ojos y en las mandíbulas.

Abra los ojos y la boca tanto como sea posible, hasta que la frente se arrugue.

Cierre los ojos tan fuertemente como sea posible y apriete las mandíbulas; relájelos.

– **Respiración**

Haga una aspiración tan profunda como sea posible manteniendo el aire en los pulmones; expulse el aire.

Expulse todo el aire hasta que los pulmones se vacíen; coja aire y respire normalmente.

– **Espalda**

Descansando los hombros contra el suelo, impulse el tronco hacia adelante con el fin de arquear toda la espalda; relájelo.

－   **Estómago**

Métalo tanto como sea posible, como si fuera a tocar la espina dorsal; relájelo.

Sáquelo hacia afuera, poniéndolo duro; relájelo.

－   **Pantorrillas y pies**

Doble los pies hasta que los dedos apunten hacia la cabeza; relájelos.

Doble los pies en dirección opuesta; relájelos.

Tras estos ejercicios, piense en una situación agradable, en la que esté muy a gusto. Imagínese bien la situación con sus sonidos, olores, y disfrútela tanto como lo desee.

¿Cómo manejar la preocupación?

Primero, es necesario que distinga las preocupaciones reales de las no reales.

La preocupación real es causada por un problema real y que, por eso, permite hacer algo para buscar una solución o para mejorar la situación.

Por ejemplo, si una persona tiene un problema económico, tendrá que pensar en una solución: invertir mejor su dinero, ahorrar de algunos gastos, vender algo o pedir un préstamo.

Un problema real no se puede ignorar porque no se soluciona por sí solo. Ante preocupaciones reales, siempre hay que actuar de la forma más adecuada. Pero recuerda: primero es tu salud. Todo lo puedes recuperar menos la salud y la vida.

La preocupación no real es la causada por un problema imaginario, no real. Por ejemplo, una persona sigue pensando que tiene una enfermedad cardiaca debido al dolor en el pecho después de que le ha examinado el médico y le ha explicado que la sintomatología es debida a la ansiedad. Lo que se hace con este tipo de preocupación es racionalizarla, nunca ignorarlos porque curiosamente son cuando más persistentes se vuelven; hay que dedicarles un corto tiempo para racionalizarlos, pensar en ellos, determinar que es una preocupación ilógica y recién determinar que no se volverá a pensar en esa preocupación tonta y absurda.

Cuando empiece a preocuparse intente reemplazar el pensamiento por una idea más racional.

Por ejemplo, si está pensando "voy a tener un ataque cardíaco", dígase la verdad: "esta sensación se debe a la ansiedad y no a un problema físico".

Ponga empeño en no exagerar (decirse "todo me sale mal") y sea más realista ("el que se me estropee el coche no significa que todo me salga mal").

Si la preocupación persiste, distráigase. Fíjese en lo que está pasando a su alrededor. Realice alguna actividad mental o física que le divierta.

La actividad mental, como hacer un crucigrama, y la actividad física, como ir a dar un paseo, le permitirán distraerse y, por tanto, dejar de preocuparse.

Pregúntese qué probabilidad real hay de que ocurra lo que tanto le preocupa. Se sorprenderá a menudo pensando, sin razón, siempre lo peor.

Intente no hablar mucho de esas preocupaciones descabelladas, ya que hablar de ello hace que sigan presentes en la mente.

Recuerda que para ignorar correctamente esas preocupaciones absurdas tienes al principio que dedicarles un tiempo para su racionalización, luego de que lo hagas tienes que determinar su nivel absurdo y luego tienes que prometerte no pensar en ella. Y cada vez que trate de aparecer y quiera apoderarse de ti, menciónate la conclusión a la que llegaste cuando la racionalizaste. Por ejemplo: "Es una idea absurda, porque biológicamente no es posible". Luego de que lo hagas continúa con tu vida.

¿Cómo afrontar las situaciones difíciles en la vida?

La persona que está ansiosa deja muchas veces que los problemas continúen, en lugar de intentar solucionarlos. Para que no le ocurra eso, hágase un plan efectivo para afrontar las situaciones difíciles que está tratando de evitar:

– Analiza las situaciones que te crean ansiedad. Son de seguro situaciones que tratas de esquivar habitualmente. Pero, para dominar su ansiedad, deberás dejar de evitarlas y hacerles frente ya mismo. Pero te enfrentarás a ellas preparado o preparada. Porque así es como ir armado a la guerra.

– Concreta y determina qué quiere cambiar en su vida actual. Por ejemplo, ¿está evitando salir a la calle o estar cerca de la gente? Estas serán las actividades a modificar. Haz una lista de estas situaciones.

– Comienza por algo fácil. Empiece por alguna situación que te cause alguna ansiedad pero que se vea capaz de afrontar fácilmente.

- Hay que ir avanzando poco a poco, lo grandes cambios se realizan lentamente, por eso, practica diariamente y de forma regular y prolongada.

- Haz frente a esas situaciones difíciles por lo menos una vez al día hasta que la ansiedad desaparezca. Cuanto más practiques, más rápido y duradero será el progreso.

- Pide ayuda a familiares y personas amigas, no es malo pedir ayuda. Además, al principio, quizás necesites que te acompañen para hacer frente a las actividades difíciles.

- Comprueba qué tal lo estás haciendo. Utiliza un diario de actividades para que sea consciente de lo que hace, donde escribas todos sus avances.

- Muévete y respira despacio. Utiliza los ejercicios de relajación que has aprendido al inicio del libro.

5 segundos (Inhalar) – 3 segundos (Retener) – 5 segundos (Botar)

La hiperventilación es la base de una crisis ansiosa, si dominamos nuestra forma de respirar, ya tienes el 80 % de la situación dominada.

- Haz progresos gradualmente. Cuando te sientas mejor en las primeras situaciones a que has hecho frente, elije otras un poco más difíciles, pero nunca te detengas. Siempre sigue adelante.

- Sé perseverante aunque la vida no te sonría. En ocasiones tendrás la tentación de olvidar algo que habías planificado cuando sientas ansiedad, pero no lo hagas, sigue siempre adelante.

- No des excusas. Es vital hacer frente a las dificultades en cualquier estado en que se encuentre, no importa si hoy no tienes ganas de hacer algo, tienes que hacerlo. Sé disciplinado o disciplinada contigo. Esfuérzate ahora para disfrutar después.

- Si no avanzas y no llegas a cumplir el objetivo, busca algunos pasos intermedios. Pide más ayuda a otras personas para hacer las cosas que le parezcan difíciles. Dedica más tiempo para relajarte y a hacer cosas agradables.

- Prémiese con algo que le apetezca cuando haya hecho algún progreso. Cambie su modo de sentir. Cuando haga cosas difíciles, se tendrá ansiedad al principio. Únicamente afrontando las situaciones una y otra vez empezarás a sentirte mejor.

¿Por qué ocurren los ataques de ansiedad o pánico?

La respuesta está en los programas mentales que has ido construyendo con respecto a la ansiedad y a que la dispara o activa.

Los programas mentales son la programación que tienes actualmente acerca de la ansiedad y de qué la tiene que producir.

LOS PROGRAMAS MENTALES DE LA ANSIEDAD

¿Cómo descubrir tu programa mental con respecto a la ansiedad?

Responde la siguiente pregunta: ¿Cómo respondes ante una situación que te atemoriza?

Te presento tres opciones:

a) Cuando aparece la ansiedad, cedes a ella, dejando que tome su curso ansioso.

b) Cuando aparece la ansiedad, luchas contra ella, pero terminas cediendo.

c) Cuando aparece la ansiedad, la racionalizas, practicas técnicas de relajación y terminas dominándola en poco tiempo.

Si elegiste la primera opción:

"Cuando aparece la ansiedad, cedes a ella, dejando que tome su curso".

El programa mental que tienes es:

Miedo – Ansiedad – Practica de alguna conducta propia para disminuir la ansiedad - Seguridad momentánea.

Los desencadenantes de la ansiedad son muchos: La limpieza, contaminación, enfermedades, sexualidad, violencia, religión, perfección, accidentes, supersticiones, apariencia corporal, números, objetos, muerte, seguridad, gente, espacios cerrados o abiertos, arañas, perros, muerte, etc.

Estos desencadenantes siempre han existido y existirán a lo largo de la historia, en el mundo, en la sociedad y en nuestra vida; el problema está en cómo los percibe el ansioso, qué significan para él cada uno de estos desencadenantes.

Nos preguntamos entonces:

- ¿Por qué toma tan mal una persona los desencadenantes de las ansiedad?

- ¿Qué programas mentales tiene el ansioso que lo hacen reaccionar de tal manera u otra ante un desencadenante de la obsesión?

- ¿Qué pensamientos tiene el ansioso en ese determinado momento?

- ¿Qué experiencias ha tenido el ansioso para que su ansiedad se dispare con determinado, objeto, evento y acción?

- ¿Cómo podemos remediar, superar subsanar esas experiencias desagradables?

Si has elegido esta opción "Cuando aparece la ansiedad, cedes a ella, dejando que tome su curso", tu mente está acostumbrada a ceder ante la ansiedad; por lo tanto, tienes programas mentales con la siguiente estructura:

Miedo – Ansiedad – Practica de alguna conducta propia para disminuir la ansiedad - Seguridad momentánea.

La seguridad solo es momentánea porque luego vuelve el miedo, ya sea en el mismo desencadenante de ansiedad o con otra, y el ciclo continúa.

La actividad propia para disminuir la ansiedad puede ser, por ejemplo, comer, beber en exceso, realizar rituales, etc. Cualquier actividad que realices consciente o inconscientemente para tratar de aliviar la ansiedad.

Si elegiste la segunda opción:

"Cuando aparece la ansiedad, luchas contra ella, pero terminas cediendo"

El programa mental que tienes es:

Miedo – Ansiedad – Lucha – Practica de algún conducta propia para disminuir la ansiedad - Seguridad momentánea.

Este programa se apodera de la vida de un ansioso, a tal grado que se generan hábitos ansiosos, es decir, que al no ser realizados, se produce tal crisis de ansiedad que los obliga a hacerlo de forma inmediata.

Entonces, te pregunto: ¿Te has sentido extraño, como si algo te faltara al dejar de hacer lo que comúnmente haces cuando tienes ansiedad?

Me imagino que sí, y eso ocurre porque la ansiedad y lo que haces para disuadirla se convierten en hábitos ansiosos.

Si has decidido luchar contra la ansiedad, no basta con negarse a ella, no basta con ignorarla, sino que hay que realizar un proceso de "racionalización".

La racionalización nos da las bases argumentativas para luchar contra la ansiedad, si luchas contra ella sin haber realizado este proceso, la ansiedad te vencerá y será inútil aplicar técnicas de control de ansiedad o las que sean, porque no servirán y al final terminarás cumpliendo el círculo vicioso de la ansiedad:

Miedo – Ansiedad – Lucha – Practica de algún conducta propia para disminuir la ansiedad - Seguridad momentánea.

La ansiedad tiene una causa, un origen, hay algo que las provoca y que las desencadena, pero:

- ¿Por qué algunas personas son más susceptibles a estos desencadenantes que otros?
- ¿Por qué a ti te atemorizan cosas que a los demás les da risa?
- ¿Por qué tú crees que algo puede dañarte cuando a otras personas no les sucede nada?
- ¿Por qué te atemoriza todo cuando otros no le temen a nada?

La respuesta a estas preguntas está en el inconsciente y en los programas mentales que esta contenga.

Si elegiste la tercera opción:

"Cuando aparece la ansiedad, la racionalizas, practicas técnicas de relajación y terminas dominándola en poco tiempo".

El programa mental que tienes es:
Miedo – Ansiedad – Racionalización – Relajación – Seguridad.

Te repito nuevamente: La racionalización nos da las bases argumentativas para luchar contra la ansiedad, si luchas contra ella sin haber realizado este proceso, la ansiedad te vencerá y será inútil aplicar técnicas de control de ansiedad o las que sean, porque no servirán y al final terminarás cumpliendo el círculo vicioso de la ansiedad:

Miedo – Ansiedad – Practica de algún conducta propia para disminuir la ansiedad - Seguridad momentánea.

Si practicas esta opción estás en el camino correcto para lograr el dominio completo de la ansiedad.

Existe un método que he llamado "El Método CRR" por sus siglas en español (Conocimiento, Racionalización y Redirección), y se aplica de la siguiente forma:

- **Conocimiento:**

  Conocer cómo, por qué y para qué existe la ansiedad en la vida de los seres humanos. Si no tenemos los conocimientos adecuados acerca de lo que verdaderamente es la ansiedad nunca podremos dominarla.

  En este paso, nos dedicamos a comprender la ansiedad, sus programas mentales, el cómo se generan los miedos y cómo se convierten en fobias.

- **Racionalización:**

  Consiste en evaluar los disparadores de la ansiedad, analizar lo que desencadena la ansiedad, evaluar los miedos reales de los irreales.

  Aquí determinamos la verdad o falsedad de nuestras preocupaciones y buscamos opciones para enfrentar y ganar sobre nuestro temores.

– **Redirección:**

Consiste en darle otro enfoque a la ansiedad, cambiando el programa mental arraigado, solo identificando el programa y cambiándolo podremos dominar la ansiedad y darle otro enfoque.

La ansiedad no se puede frenar, si se hace tiende a empeorar, imagínate una represa donde contengan el agua, si el agua sigue llegando y esta represa no tiene ninguna fuga, al final se romperá y la ansiedad será inmensa.

De esta misma forma, la ansiedad no se puede frenar, se le dará un cauce distinto y por qué no hasta productivo.

Recuerda que cuando hablamos de practicar o realizar alguna conducta nos referimos a que cuando nos sentimos ansiosos, realizamos actividades comunes o particulares: comer, beber, huir, esconderse, atemorizarse etc., cualquier acción que realizamos cada vez que aparece la ansiedad. Esta es una manera en que la ansiedad busca fugar, pero son formas que aparecen improvisadamente.

PROCESO DEL PENSAMIENTO – NEUROLINGÜÍSTICA

Lo que nos comunica con el mundo exterior son nuestros sentidos a través de nuestros órganos: los ojos, oído, piel, lengua, nariz.

VISIÓN, AUDICIÓN, TACTO, GUSTO Y OLFATO

De la misma forma cuando pensamos también lo hacemos a través de nuestros sentidos.

Por ejemplo, cuando piensas, miras imágenes mentales en tu cabeza, oyes de forma mental una conversación o tu voz interna y sientes sensaciones.

Las crisis de ansiedad son programas mentales que se han llenado de datos a lo largo de nuestra vida y se arraigan en nuestra mente, por esa razón, te dice cuándo y cómo tienes que sentirte ansioso u ansiosa, ante qué situaciones tienes que sentirte de tal o cual forma.

Esto se da de forma inconsciente, no nos percatamos cómo y cuándo ocurre con exactitud. Solo que un día nos vemos ansiosos y no dejamos de estarlo.

Un programa mental es un conjunto de instrucciones, una receta que te dice cómo actuar ante un determinado suceso, externo o interno.
Ese programa mental es el que te guía.

Te pregunto entonces:

– ¿Acaso tu cerebro no te ha dicho cómo actuar ante un supuesto peligro? ¿Acaso no te ha mandado la orden de sentirte ansioso?

– ¿Acaso la ansiedad no te ha dicho cómo comportarte ante un determinado miedo o peligro?

Definitivamente que sí, y es porque el ansiedad actúa bajo un programa mental, el cual tienes arraigado en tu mente, consciente o inconsciente.

Nuestra mente no tiene libre albedrío o libre capacidad de decisión, ya que la gran mayoría de nuestras acciones y reacciones son realizadas de forma inconsciente, guiados por los programas mentales.

A nivel fisiológico, por ejemplo:

Recuerdas:

- ¿Cuántas veces parpadeaste el día de hoy?
- ¿Cuántos latidos dio tu corazón?
- ¿Cuántas aminoácidos absorbió tu cuerpo de la comida que ingeriste hoy?
- ¿Cuántas vitaminas absorbiste?
- ¿Cuántas veces salivaste?

En definitiva, no tienes respuesta a estas interrogantes porque esos procesos se dan de forma inconsciente, es decir, ni siquiera te diste cuenta de cómo y cuándo sucedieron; pero, entonces, ¿quién se encarga de monitorizar todos esos procesos tan importantes en tu cuerpo? ¿Quién dirige todas esas órdenes?

La respuesta está en tu mente inconsciente, ella se encarga de todos esos procesos, porque posee programas mentales que le indican al cuerpo cómo tiene que actuar ante determinadas situaciones fisiológicas o psicológicas. Algunos de esos programas mentales ya vienen en nuestro código genético y otros son adquiridos a lo largo de nuestra vida.

A nivel psicológico, por ejemplo, te pregunto:

- ¿En algún momento has reaccionado de tal forma que te has desconocido, porque jamás pensabas actuar de esa forma?
- ¿Te asustan cosas que a los demás les causa risa?
- ¿Tienes costumbres que los demás consideran absurdas y tontas?
- ¿Te sientes raro porque no comprendes tus emociones?

Todo ese patrón de conducta que no entiendes, todas esas reacciones psicológicas y conductuales peculiares en ti y los demás, se deben a los programas mentales que tiene la mente inconsciente. Esa programación mental hace que reacciones de una u otra forma ante un determinado estímulo; sin embargo, todos los seres humanos no compartimos los mismos programas mentales, ya que son distintos para cada uno de nosotros, porque algunos vienen con nuestro código genético y otros van adquiriéndose a lo largo de nuestra vida; por esa razón, los seres humanos reaccionamos distinto ante un mismo estímulo.

Los programas mentales están constantemente influenciados por la realidad exterior, la sociedad o por nosotros mismos, y pueden ser positivos o negativos, favorables o desfavorables.

Estos programas mentales se crean y se modifican constantemente, siempre y cuando seamos conscientes de ellos y tomemos la decisión de cambiarlos.

La mente humana lo graba absolutamente todo: lo que ves, lo que oyes, lo que tocas, lo que degustas, lo que hueles, incluso las emociones que en algún momento tuviste quedan grabadas en tu mente, ya sea en el lado consciente o en el lado inconsciente.

La información del exterior llega a nosotros mediante tres canales comunicativos bien definidos, y estos son:

- **Canal visual:**

  Recibimos información del exterior a través de la vista. Aprendemos de las cosas que vemos.

- **Canal auditivo:**

  Recopilamos información a través de las cosas que oímos.

- **Canal kinestésico:**

  La información llega a través del gusto, tacto, olfato y por las emociones.

En un principio toda esa información ingresa por tu parte consciente (eres capaz de recordarla y analizarla), pero dependiendo de la calidad y la utilidad de esa información puede ser almacenada en la mente consciente o pasar a la mente inconsciente.

En la mente inconsciente se encuentra lo que no recuerdas fácilmente: vivencias, recuerdos, temores, paradigmas, creencias, etc., que nunca han sido borrados, solo están almacenados y en algún momento pueden influir en tus decisiones sin que te percates que fueron estos recuerdos inconscientes los que te hicieron actuar de alguna forma determinada. Es por esa razón que a veces no entiendes tu forma de comportarte, odias tu comportamiento y te preguntas muchas veces: ¿por qué soy así?, ¿por qué me comporto de esa manera? La respuesta está en los programas mentales que tienes en el inconsciente.

Los canales comunicativos, visual, auditivo y kinestésico, no siempre están equilibrados, porque cada persona siempre tiene mayor predilección por alguno de ellos y los podemos clasificar en:

- **Personas visuales:**
  Ellos recopilan más información observando, se sienten más cómodos viendo las cosas; son las personas que tienen que ver para creer.

  ¿Cómo reconoces a este tipo de personas?

  Se les reconoce fácilmente por la forma en que se expresan o hablan. Usan en su lenguaje cotidiano verbos visuales, por ejemplo:

  - Nos vemos mañana, cómo lo ves tú, no te veo bien, no está claro, etc.

  Estas personas están siempre muy atentas visualmente de las cosas que pasan a su alrededor, todo lo quieren ver y les importa mucho lo que ven.

- **Personas auditivas:**
  Ellos recopilan más información oyendo, se sienten más cómodos escuchando la información.

¿Cómo reconoces a este tipo de personas?

Se les reconoce por su forma de hablar. Usan verbos auditivos en su lenguaje cotidiano, por ejemplo:

- Mañana hablamos, no te oyes bien, esto no me suena bien.

Estas personas prefieren hablar y escuchar a la gente, son personas que disfrutan de la oratoria y de las conversaciones habladas.

- **Personas kinestésicas:**
  Ellos recopilan más información sintiendo las cosas, degustando, oliendo, tocando o sintiendo.

¿Cómo reconoces a este tipo de personas?

Se les reconoce por su forma de hablar. Usan verbos kinestésicos en su lenguaje cotidiano, por ejemplo:

- ¡No te siento bien, te pasa algo!, esta situación no me huele bien, esa experiencia me dejo un mal sabor de boca.

Estas personas tienen aptitudes kinestésicas en su comportamiento: te abrazan frecuentemente, por ejemplo, porque les gusta tocar y ser tocados.

Todos los seres humanos disponemos de los tres canales

comunicativos, pero no los usamos en forma equilibrada, ya que sentimos predilección por alguno de ellos; por esa razón, el 50 % de las personas son visuales, sin embargo, puede haber convivencia entre el uso de dos canales o de los tres a la vez en mayor o menor grado el uno del otro.

La comunicación en nuestras relaciones sociales no es efectiva si dos personas no usan el mismo canal comunicativo; por esa razón, a veces la gente no se entiende.

Imagínate la siguiente escena:

Una pareja de esposos, el marido es muy visual y la esposa es muy auditiva. Al marido le gusta que su esposa lo sorprenda con detalles visuales, una ropa bonita, un obsequio, algo que él pueda ver. En cambio a la esposa le gusta que su marido le diga cosas bonitas, que le hable al oído, que la escuche y sentirse comprendida cuando le hable.

Esta pareja se encuentra en canales comunicativos distintos. Mientras el esposo prefiere las cosas concretas y visibles, la mujer prefiere lo abstracto, como las palabras.

Si tienes una pareja visual, le gustará verte, bien aseado/a, peinado/a, con ropa bonita y sexy, luciendo siempre bien presentable. Si tienes una pareja auditiva, le gustará que siempre le digas cosas bonitas, que le hables y le escuches con calma y paciencia.

Este desequilibrio comunicativo existente en la pareja es el responsable de que las personas no se entiendan y no se comuniquen de forma efectiva; y con efectivo nos referimos a que el mensaje llegue con claridad y precisión al receptor.

Si tuvieras una pareja kinestésica, le gustará que siempre le acaricies, abraces o toques constantemente; porque así es su forma de comunicar emociones, es su forma de expresarse y sienten predilección por ese determinado canal comunicativo.

El usar con mayor predilección un canal no es algo que esté mal, porque sencillamente es nuestra naturaleza, es nuestro gusto comunicativo. Pero qué sucede cuando este desequilibrio comunicativo nos trae problemas y dos personas sienten literalmente que no hablan en el mismo idioma.

Entonces, ¿qué hacer en estos casos?

Te presento la siguiente técnica:

a) Tener conocimientos acerca de los tres canales comunicativos.

b) Identificar tu canal comunicativo predilecto, para después identificar el canal de la gente con la que tratas.

c) Y, por último, comprender el canal comunicativo que poseemos y el de las demás personas con las que tratamos, si bien no es nuestro canal predilecto o tal vez sí, esa versatilidad comunicativa que desarrollemos, si practicamos, nos hará entender y ser entendido por todos.

Solo de esta forma se logra una comunicación efectiva y empatía con quienes te rodean.

Solo cuando nuestros canales comunicativos están equilibrados, podemos tener una percepción concreta de la realidad; lograrlo es fácil porque la versatilidad comunicativa está incorporada en nuestros genes y es importante hacerlo porque solo las personas que tienen sus canales comunicativos equilibrados pueden entender y ser entendidos por todos.

PROGRAMACIÓN NEUROLINGÜÍSTICA

¿Qué es la programación neurolingüística?, y ¿cómo está relacionada con la ansiedad?

Definamos los términos:

- **Programación:** Es un conjunto de instrucciones.
- **Neuro:** Son todos los procesos mentales inherentes al ser humano.
- **Lingüística:** El lenguaje con el cual nos comunicamos socialmente o internamente.

La Programación Neurolingüística es la forma en la que le damos instrucciones a nuestra mente, mediante las palabras (verbales) o pensamientos, para que esta realice alguna acción o algún proceso mental en específico.

Los seres humanos, en forma constante, estamos enviando mensajes al exterior y a nosotros mismos mediante palabras verbales o mentales (pensamientos). Estos mensajes pueden ser positivos, negativos, alentadores, humillantes, etc.

La programación neurolingüística es una conversación interna o externa, privada o pública, pero que como tal siempre queda almacenada en nuestro inconsciente. Entonces, la programación neurolingüística es el cómo las palabras verbales, mentales y vivencias programan nuestro comportamiento a futuro. Este comportamiento puede ser favorable o desfavorable, positivo o negativo. Ese comportamiento puede ser ansioso o no ansioso.

Cuando los datos han sido recopilados a través de nuestros canales comunicativos, son las neuronas quienes almacenan esa información, ellas son las archivadoras de datos y son las que crean redes neuronales, a las que nuestra mente recurre cuando quiere recordar algo. Pero esa información muchas veces no viene sola, sino que llega acompañada de emociones. Por esa razón, determinadas canciones, olores, sensaciones, te traen a la mente recuerdos particulares.

Por ejemplo, cuando escuchas una determinada canción en un momento triste de tu vida, cuando vuelves a escuchar esa canción revivirás ese recuerdo y con el aparecerán las emociones.

Pero seguramente te preguntas: ¿cómo las palabras pueden programar una vida?

Todo parte de las palabras y a raíz de ellas se desencadena un efecto dominó, son siete escalones que forman el destino de una persona, donde todo nace en las palabras.

Estos escalones son siete:

1. **Las palabras:**

   Las palabras son los elementos del lenguaje que tienen por finalidad comunicar y llevar un mensaje.

   Te has fijado alguna vez en:

   – ¿Qué palabras son las que más usas en tu vida cotidiana?

   – ¿Eres positivo en las palabras que usas?

   – ¿Tienes palabras positivas acerca de tu futuro?

   – ¿Qué palabras te dices para motivarte o desmotivarte?

   – ¿Qué mensajes le mandas a tu mente cuando te sientes feliz o triste, animoso o cansado?

– ¿Tus palabras tienen contenido ansioso?

2. Los pensamientos:

Los pensamientos son la actividad intelectual resultante de procesar la información que llega por los canales comunicativos.

Las palabras que usas frecuentemente se convierten en ideas, creencias, paradigmas o programas mentales.

3. Las emociones:

Son generadas por los pensamientos, se consideran como estados afectivos transitorios. Los pensamientos traen consigo emociones (positivas, negativas, afectivas, etc.).

La suma de palabras, pensamientos y emociones es lo que crea un programa mental.

4. El comportamiento:

Es un conjunto de actos fisiológicos, mentales, verbales y motrices, mediante el cual un individuo se relaciona con su medio social. Es la manera de proceder en base a las palabras, pensamientos y emociones.

5. Los hábitos:

Son comportamientos repetidos frecuentemente. Cuando una conducta (comportamiento) se repite constantemente se convierte en un hábito.

6. La personalidad:

Es el conjunto de cualidades y características psíquicas que una persona expresa y de esa forma la distingue de las demás.

Nuestra personalidad es la sumatoria del tipo de palabras que usamos frecuentemente, de los pensamientos que tenemos, de las emociones que estos nos causan, de los comportamientos que practicamos y de los hábitos que generamos.

7. **El destino:**

Lo formas tú y es el inevitable resultado de los acontecimientos y decisiones en tu vida.

Entonces, resumiendo:

La repetición constante de tus palabras generan pensamientos comunes característicos en ti, estos pensamientos forman ideas, programas mentales y creencias. Estos pensamientos traen consigo emociones, las cuales nos inspiran a practicar ciertos comportamientos.

La repetición de estos comportamientos los convierte en hábitos, positivos o negativos. La frecuencia de estos hábitos caracteriza tu personalidad. Al final, esta cadena crea tu destino, es decir, lo que eres o lo que tienes en la actualidad.

Por ejemplo:

Una persona negativa, que siempre usa palabras negativas, solo puede tener pensamientos negativos, los cuales traen emociones negativas y que lo obligan a comportarse de forma negativa.

La repetición de este comportamiento negativo forma un hábito negativo, lo cual se refleja en su personalidad que también es negativa, que lo único que puede traer es un destino negativo.

Si tienes palabras positivas, tus resultados serán positivos; porque si siembras maíz, por ejemplo, no esperes cosechar manzanas.

Todo parte de las palabras, ellas son las que crean un futuro… si tienes palabras positivas, tendrás una cadena positiva.

Por ejemplo:

Juan Carlos tiene 25 años, cree que es un fracasado porque algunas cosas no han resultado como él quería, a cada momento se repite que es un fracasado (palabras). Sus pensamientos también son de fracaso y están acompañados de frustración y desdén (emociones).

Juan Carlos ahora se comporta como lo haría un fracasado, y ese comportamiento se convierte en un hábito, que lo único que puede traer es un destino de fracaso, y que Juan Carlos nunca logre ninguno de sus propósitos.

Este es el proceso neurolingüístico que forma programas mentales, los cuales modulan, frenan y dominan tu vida. Todo empieza en las palabras.

Te preguntarás, entonces: ¿cómo la programación neurolingüística influye en la ansiedad?

Todo radica en que la ansiedad es una conducta y está arraigada en el inconsciente. Las crisis ansiosas son desatadas por creencias y nuestro comportamiento ansioso frente a ellas, no es más que una PNL (Programación Neurolingüística) mal enfocada.

Toda la información del mundo exterior llega a nosotros a través de nuestros canales comunicativos, y esta es asimilada en nuestro "yo interior", y en base a esa información se crean patrones de conducta.

Entonces, siguiendo el esquema anterior de los siete escalones:

1. Las palabras:

- ¿Qué palabras usa frecuentemente el ansioso?
- ¿Qué información ha recopilado del exterior para actuar de esa manera tan ansiosa?
- ¿Qué palabras usa para referirse a la ansiedad?
- ¿Sus palabras están enfocadas en dominar la ansiedad?

2. Los pensamientos:

- ¿Qué pensamientos tiene un ansioso?
- ¿Qué patrones mentales poseen sus pensamientos?
- ¿Qué es lo que cree acerca de la ansiedad?
- ¿Cree que puede dominar la ansiedad?

3. Las emociones:

- ¿Qué emociones siente una persona ansiosa?
- ¿Cómo se siente con respecto a la ansiedad?
- ¿Qué emociones desencadenan, el practicar las actividades que bajan su ansiedad?

4. Comportamientos:

- ¿Qué comportamientos practica un ansioso?
- ¿Qué experiencias tiene acumuladas en su interior para practicar esa conducta ansiosa?
- ¿Cómo se comporta un ansioso frente a la vida?

5. Los hábitos:

- ¿Qué hábitos tiene un ansioso?

- ¿Qué comportamientos ha practicado tanto que al no hacerlos, le causa ansiedad?

- ¿Qué hábitos convierte en rituales para sentirse seguro?

6. Personalidad:

- ¿Cómo es la personalidad de un ansioso?

- ¿Cómo se ve a sí mismo frente a la ansiedad

- ¿Cómo se siente consigo mismo respecto a la ansiedad?

7. Destino:

- ¿Cómo será el destino de un ansioso?

- ¿Qué futuro le espera a alguien que no deja de tener crisis ansiosas?

- ¿Qué programación neurolingüística tendrá un ansioso?

Te das cuenta como es una cadena con efecto dominó, la ansiedad invade tu vida por completo a tal punto que se apodera de ella. Pero descuida, todo es posible. Ahora tienes las herramientas necesarias para poder dominar la ansiedad.

Empieza por cambiar:

- **Las palabras:**

Hasta ahora todas tus palabras solo han evocado tristeza, frustración y ansiedad. Cambia eso de una vez, cambia tu forma de hablar. Tienes que ser positivo en tus palabras, empieza hablar de forma positiva así no sientas las ganas de hacerlo. A todo momento miéntete, si te encuentras triste, repítete en voz alta "estoy feliz", "me siento muy bien".

Pensarás ¿por qué repetir algo que no es cierto? Pues el cerebro funciona así, él solo recibe órdenes y con este mensaje que le envías le estás diciendo que tiene que empezar a sentirse feliz, así que obedecerá, porque tú lo mandas, no al revés.

- **Los pensamientos:**

Los pensamientos que hasta ahora has tenido están relacionados con la ansiedad y lo mal que te hace sentir. Cambia tu pensamiento de una vez, tú puedes dominar la ansiedad. Tú puedes lograr todo lo que quieras.

Lo que sucede ahora es pasajero, se irá si tú lo quieres. Empieza a pensar positivo. Empieza a darte aliento en tus pensamientos con un "yo puedo lograrlo".

- **Las emociones:**

La ansiedad te deprime, pero imagínate que en vez de deprimirte, te alegre, y te ponga feliz, si fuese así ¿crees que la ansiedad seguiría siendo un problema?

Empieza a cambiar tus emociones, valora, aprecia cada día de tu vida, mira esto como un reto que superarás. Siéntete feliz por estar vivo, inclusive aprecia la ansiedad que ahora padeces porque eso te hace apreciar y valorar más la vida.

– **Comportamientos:**

Pregúntate ¿cómo actúas frente a la ansiedad? ¿Cómo te comportas ante ella? De seguro temes que te ocurra una crisis ansiosa y todo tu comportamiento es tímido y resignado. Pues cambia eso de una vez, tú eres valiente, eres fuerte y puedes con esto. Nunca tengas miedo, porque eres un ser maravilloso capaz de dominar todo lo que te propongas.

– **Los hábitos:**

Analiza ¿qué hábitos tienes frente a la ansiedad? ¿Qué programas mentales tienes que te hace reaccionar de la misma forma ante esta ansiedad?

Entonces rompe de una vez la rutina de tu ansiedad, aparece la ansiedad y tú siempre haces esto y aquello, siempre repites lo mismo. Rompe de una vez esa monotonía y cambia tu vida.

– **Personalidad:**

El padecer de ansiedad quizá te ha vuelto una persona retraída, e introvertida, que prefiere quedarse en casa a fin de evitar situaciones que disparen su ansiedad.

Levántate de una vez y empieza a vivir, o crees que serás eterno. ¿Quieres arrepentirte por lo que pudiste o no hacer cuando seas viejo o vieja? El tiempo no se puede recuperar, puedes recuperar todo menos el tiempo y la salud, y precisamente la ansiedad mina estas dos, tu salud y tu tiempo.

Ahora mismo deja este libro en casa y visita a un amigo o una amiga, sal con ellos, diviértete, disfruta de tu juventud porque algún día se ira y no podrás volver atrás.

- **Destino:**

Si no haces todo lo anterior el único destino que te espera de aquí a cinco, diez, quince, veinte años es estar como ahora, ansioso, siendo víctima de ti mismo.

Tú puedes darle un vuelco a tu vida ahora mismo. Recuerda que todo lo que hagas ahora lo seguirás haciendo más adelante si no te atreves a cambiar ya mismo.

Solo tienes una oportunidad y las oportunidades solo aparecen una vez, obséquiate el regalo de ser diferente. Tú puedes lograrlo y en este proceso yo te ayudaré a cumplirlo.

NUESTRO PENSAMIENTO – TU CANAL COMUNICATIVO

Cuando pensamos también lo hacemos a través de nuestros sentidos, miras imágenes mentales en tu cabeza, oyes mentalmente tu voz interna o sientes sensaciones internas. Esto es normal en todos los seres humanos.

Tienes que analizar cuál es el canal predilecto de tus pensamiento.

Para hacerlo analiza tus momentos de crisis ansiosa:

Antes del momento de crisis:
- ¿Qué es lo que pasa por tu cabeza antes del momento de crisis ?
- ¿Oyes una voz durante antes del momento de crisis ?
- ¿Visualizas una imagen antes del momento de crisis?
- ¿Sientes algo antes del momento de crisis?
- O tal vez, ¿es una mezcla de todo?

Durante el momento de crisis:
- ¿Qué es lo que pasa por tu cabeza en el momento de crisis ?
- ¿Oyes una voz durante el momento de crisis ?
- ¿Visualizas una imagen en el momento de crisis?
- ¿Sientes algo en el momento de crisis?
- O tal vez, ¿es una mezcla de todo?

Después del momento de crisis:

- ¿Qué es lo que pasa por tu cabeza después del momento de crisis?
- ¿Oyes una voz después del momento de crisis ?

– ¿Visualizas una imagen después del momento de crisis?

– ¿Sientes algo después del momento de crisis?

– O tal vez, ¿es una mezcla de todo?

Recopila estos datos, y anótalos en tu libreta de apuntes, tienes que conocerte, tienes que saber cómo funciona tu mente, como reaccionas ante un estímulo determinado. Porque solo así podrás cambiar lo que te molesta, conociéndote.

LAS LÍNEAS DEL TIEMPO

La depresión se da porque el pasado invade el espacio del presente. Porque siempre nos deprimimos por alguna razón, a veces de forma consciente (la recordamos) o inconsciente (no la recodamos, pero está guardada en algún lado de nuestra mente). Cuando este recuerdo doloroso afecta nuestro presente nos deprimimos. Y esto ocurre porque no lo hemos superado en su debido momento.

La ansiedad se da porque el futuro invade el mundo del presente. Porque pensamos en "lo que podría ocurrir" y eso nos aterra y nos llena de ansiedad y terror.

Ese miedo nos paraliza e inmoviliza bloqueando nuestras acciones. Estamos tan preocupados por el futuro que olvidamos nuestra vida en el presente.

Cuando vivimos en el pasado, nos deprimimos, y cuando vivimos en el futuro nos ponemos ansiosos. Ahí surgen los problemas.

¿Por qué pensar en el pasado o en el futuro, cuando lo único que importa es el presente?

Recuerda que solo vivimos el presente. El contacto con la realidad está en el presente. No en el pasado o en el futuro.

La depresión se da porque nos preocupamos y dejamos que nos lastime algo del pasado, que ya fue, que ya quedo atrás

En el caso de la ansiedad. Nos preocupamos por algo que ni siquiera ha pasado, que ni siquiera estamos seguros que pasará.

Recuerda siempre que el contacto con la realidad está en el presente. El pasado no lo puedes cambiar y el futuro es incierto. Haz las cosas bien, ahora, en el presente y nunca podrás arrepentirte del pasado y el futuro será prometedor.

LOS CUATRO PASOS PARA DOMINAR LA ANSIEDAD

La clave para dominar la ansiedad esta en reestructurar los programas mentales, en distinguir los miedos reales de los irreales. Esa es la clave y tú ya has aprendido a hacerlo.

Por esa razón, procederé a darte la fórmula de cómo utilizarlas, pero a nuestro favor, para dominar la ansiedad.

Te presento cuatro pasos para dominar la ansiedad:

– **La calma:** es para no ceder y dar rienda suelta a la ansiedad.

– **La razón:** es para entender la causa de la ansiedad, saber de dónde proviene y qué la dispara.

– **La distracción:** es para evitar que la ansiedad se posicione en nuestra mente, porque en una mente ocupada no hay tiempo para ansiedades.

– **Reestructuración:** la ansiedad se ubica en el lugar que le corresponde utilizando los programas mentales.

Por ejemplo:

A Ramiro le causa mucha ansiedad que a su mente vengan ideas de agresión contra su madre; él es obsesivo compulsivo, una manifestación de ansiedad. En una ocasión mientras estaba ayudando en la cocina a su mamá, le vino una idea obsesiva mientras estaba cortando los tomates, pensó que podría usar ese cuchillo para cortarle el cuello a su mamá; aquel pensamiento le causó tanta ansiedad que todo su cuerpo se alteró, ¿cómo era posible que pudiera pensar eso? Yo jamás podría hacer algo así, pensó; pero ¿por qué lo he pensado?, ¿acaso soy un homicida?, ¿acaso no quiero a mi mamá?, ¿en qué me estoy convirtiendo?, ¿qué me está pasando?, ¿qué pensaría mi mamá si se enterara?, ¿qué pensarían mis amigos de mí? Soy una aberración. Estas interrogantes giraban por la cabeza de Ramiro, mientras sentía perder el control.

En este ejemplo te planteo un caso de TOC (Trastorno Obsesivo Compulsivo), el disparador de ansiedad es "el poder agredir a otra persona" en este caso a su mamá.

El pensamiento obsesivo se presentó. ¿Qué hacer ahora?

- **Primero (Calma):** Ramiro tiene que calmarse, porque si está alterado no podrá hacer un discernimiento correcto de la realidad. Qué tenemos que hacer en este primer paso:

  - ✓ Realiza prácticas, ejercicios de respiración abdominal, que aprendiste en este libro.

  - ✓ Rompe la línea de tus pensamientos ansiosos, deja de cuestionarte con esas preguntas que aparecen después de esa obsesión (¿por qué pensé eso?).

  - ✓ Rompe el patrón de tu comportamiento en tu cuerpo. Muchas personas, cuando están ansiosas, presentan un comportamiento característico, por ejemplo, se frotan constantemente las manos, muestran hiperactividad, hacen movimientos con la boca, cejas, ceño, etc. Deja de hacer esos movimientos corporales.

✓ Practica la visualización. Cierra los ojos y visualiza un paisaje, el que más te guste, aquel lugar donde te gustaría ir de vacaciones; imagina que estás en ese lugar soñado, siente la tranquilidad y quietud, visualiza los detalles visuales, auditivos y kinestésicos de tu lugar soñado.

Entonces, este primer paso (calma) lo resumimos en:

✓ Respiración (mínimo cinco veces a más).

✓ Romper la línea de tus pensamientos obsesivos. Deja de cuestionarte por haber pensado eso.

✓ Rompe el patrón de conducta corporal ante la ansiedad. Deja de realizar los movimientos comunes en ti respecto a la ansiedad.

✓ Practica la visualización de aquel lugar o paisaje soñado donde te gustaría estar.

• **Segundo (Razón):** Aquí analizamos la ansiedad, para hacer este paso recuerda que tienes que estar calmado.

Responde las siguientes preguntas:

✓ ¿Qué hace que aparezca la ansiedad?

✓ ¿Qué la activó o qué la desencadeno?

✓   ¿Por qué te sientes ansioso?

✓   ¿Te molestan tanto esos pensamientos? y ¿por qué te molestan?

✓   ¿Qué tan desagradables son los pensamientos que te producen esa obsesión?

✓   ¿Es lógica la ansiedad que te producen?

✓   ¿Son lógicos esos pensamientos? ¿Te parecen lógicos?

✓   ¿Cometerías o realizarías lo que dicen esos pensamientos obsesivos? ¿Crees que podrían pasar en el mundo real? En el caso de Ramiro, matar a su mamá.

Cuando hayas respondido a todas las interrogantes anteriores; llegarás a una conclusión; tienes que dar una conclusión final basada en todas las preguntas anteriores ya respondidas. Esta conclusión es una afirmación absoluta, es un decreto. Por ejemplo:

✓   En el caso de Ramiro: según el razonamiento hecho, yo amo a mi mamá y jamás podría lastimarla. El hecho de que estos pensamientos aparezcan en mi mente es porque son el producto del TOC (Trastorno Obsesivo compulsivo), no soy yo quien quiere pensar en ello, sino que esos pensamientos son el problema del TOC, por ejemplo, cuando tienes gripe, es irremediable que haya flujo nasal, escalofríos, fiebre etc., lo mismo ocurre con el TOC, esos pensamientos son sus síntomas y al igual que en la gripe, no puedes evitar que aparezcan.

Luego que el razonamiento ha sido realizado y el decreto o conclusión han sido dados, tienes que prometer no volver a pensar en ello. Aparte, sería insulso hacerlo porque ya pensaste en ese "pensamiento obsesivo" y siempre tienes que seguir hacia adelante, nunca hacia atrás, por esa razón, no volverás a pensar en eso. En caso de que los pensamientos vuelvan, menciona tu decreto, tu conclusión, por ejemplo:

En el caso de Ramiro, cuando vuelva a aparecer el pensamiento homicida para con su mamá, evitará pensar en él, mencionando solamente su conclusión final, su decreto: "Yo amo a mi mamá, y jamás podría lastimarla. El hecho de que estos pensamientos aparezcan en mi mente es porque son el producto del TOC (Trastorno Obsesivo compulsivo), no soy yo quien quiere pensar en ello, sino que esos pensamientos son el problema del TOC.

- *El enfoque:* recuerda que tienes que respirar y oxigenar tu cuerpo mediante la respiración abdominal que ya aprendiste. Recuerda siempre pensar en tu objetivo (dominar el TOC, dominar la ansiedad) y lo que hagas ahora contribuirá a que logres ese objetivo próximamente.

- **Tercero (Distracción):** cuando ya estés calmado y hayas hecho el razonamiento apropiado en base a la obsesión, y tengas ya listo un decreto final, procederemos a la distracción.

Los pensamientos obsesivos van a tratar de aparecer de nuevo, porque esa es su naturaleza, aquellos pensamientos se han obsesionado con nosotros y no nos dejarán sin dar pelea. El ignorarlos no es suficiente, porque harán la lucha para que vuelvas a pensar en ellos.

La distracción es una buena herramienta para disuadir a los

pensamientos obsesivos, pero tienes que hacerla en algo que te guste, en alguna actividad que te sea placentera. Al principio los pensamientos te atacarán con mucha fuerza, pero si no les prestas atención se irán debilitando, hasta desaparecer.

Si tú cedes a los pensamientos obsesivos, estos se hacen más fuertes; pero mientras más los ignores, se vuelven más débiles. Es importantísimo que antes de ignorarlos hagas el proceso de racionalización y obtengas una conclusión final.

La distracción es importante, porque de ella depende el que vuelvas o no a caer de nuevo en la obsesión.

- **Cuarto (Restructura):** con todo este procedimiento estamos creando varios programas mentales:

  ✓ El primero: nosotros dominamos la ansiedad y no al revés.

  ✓ El segundo: la ansiedad siempre se puede dominar.

  ✓ El tercero: ese pensamiento específico, en el caso de Ramiro, "matar a su mamá", es ilógico.

  ✓ El cuarto: implantaremos una nueva forma para dominar la ansiedad. Un mecanismo que aplicaremos a futuro en las obsesiones venideras.

  ✓ El quinto: para obtener paz no es necesario realizar un ritual, sino que basta con calmarnos, racionalizar, distraernos y reestructurar.

  ✓ El sexto: el TOC, por sus características obsesivas, es

quien hace que surjan estos pensamientos, no porque tú desees hacerlo.

✓ Las crisis de ansiedad son las que producen esas reacciones fisiológicas, cognitivas y motoras. Nadie muere de ansiedad.

Eso son algunos de los programas mentales que se crearían cuando aprendemos a dominar la ansiedad.

Con este proceso, la ansiedad que produce este tipo de pensamientos considerados ilógicos estaría en su lugar correspondiente. No es lo mismo la ansiedad que te produciría estar frente a un acantilado, que la ansiedad que produce tener un pensamiento obsesivo. Así que la ubicamos en su respectivo lugar, la ansiedad acorde al tipo de peligro, porque en el TOC, el peligro de estar al frente de un acantilado y tener un pensamiento obsesivo, es lo mismo. Hay una sobrevaloración del peligro por un ente no dañino.

Con la reestructuración de la ansiedad colocamos en el nivel que le corresponde a la ansiedad de verse abatido por un pensamiento obsesivo.

– *La visualización:* aquí tienes que empezar a contar de atrás hacia adelante, elije un número, por ejemplo, cincuenta e inicia el conteo regresivo lentamente. Recuerda visualizarte feliz, y que al llegar al número 0 estarás completamente calmado o calmada y que la ansiedad ya habrá desaparecido.

Recopilando:

En los obsesivos compulsivos la ansiedad se dispara por cosas insignificantes, cosas que no pueden dañarte, lo que tenemos que hacer en ese momento para controlar la ansiedad es:

- Primero: calmarnos.

- Segundo: encontrar el causante de esa ansiedad y someterlo a un proceso de racionalización.

- Tercero: para ignorar y no ceder a la ansiedad, tienes que distraerte, de preferencia en la actividad que más te guste.

- Cuarto: en este último paso, tu nivel de ansiedad se reestructura. Por ejemplo:

Imaginemos una escala de ansiedad, que va del número 1 al número 10.

El número 1: significa ausencia de ansiedad.

El número 5: significa ansiedad media.

El número 10: significa alta ansiedad.

- ¿Cuál es el grado de ansiedad que produciría el estar frente a una persona que te está apuntando con un revólver?

Pongamos un grado número 9 en nuestra escala.

- ¿Cuál es el grado de ansiedad que te produciría no asearte compulsivamente las manos o no realizar ningún otro ritual que no puedas dominar hasta ahora?

Seguramente el grado de ansiedad podría ser un numero 9.

En estos dos casos, te das cuenta que los niveles de ansiedad en el obsesivo compulsivo son muy altos y desproporcionados, y eso ha ocurrido porque hasta ahora solo hemos cedido a la obsesión sin antes realizar los cuatro pasos para dominar la ansiedad.

Al proceso de colocar el grado de ansiedad adecuado a las obsesiones en el trastorno obsesivo compulsivo se le llama reestructuración del grado de la ansiedad.

En el ejemplo anterior (frente al revólver y el aseo), ¿te has percatado que el grado de ansiedad que percibe el obsesivo compulsivo es el mismo, pero que el peligro que la desencadena no lo es?; hay una desproporción en los niveles de ansiedad.

Una persona ansiosa tiene un "comportamiento ansioso" y rumiante, es decir, que piensa y piensa y vuelve a pensar en el peligro al cual se enfrenta, por esa razón, la distracción es la clave para aliviar la ansiedad.

La ansiedad es un conjunto de sensaciones, solo es eso. Entonces, cuando sientas ansiedad, ríete de ella, rompe su patrón rumiante y la vencerás para siempre.

Tu ansiedad está fundada por un miedo, hay algo que la dispara.

Eso es lo que crea un estado de alarma generando un programa mental, cuando el pensamiento obsesivo sea identificado junto con sus causas (Conocimiento), y estas hayan sido racionalizadas (Racionalización), hay que redireccionar la ansiedad y enfocar la necesidad ansiosa que sientes en otra actividad.

Recuerda que dominar la ansiedad es un estilo de vida, es una forma de vida, si quieres dominar la ansiedad tienes que comportarte como una persona que domina la ansiedad.

En este camino hacia un vida libre de ansiedades y miedos yo estoy siempre a tu lado.

Otro ejemplo particular:

Un caso de claustrofobia:

La claustrofobia es el miedo extremo a estar en los espacios cerrados, quienes lo padecen evitan los ascensores, túneles, el metro, habitaciones pequeñas, etc.

Aplicamos los cuatro pasos ya mencionados:

- **La calma:** es para no ceder y dar rienda suelta a la ansiedad.

- **La razón:** es para entender la causa de la ansiedad, saber de dónde proviene y qué la dispara.

- **La distracción:** es para evitar que la ansiedad se posicione en nuestra mente, porque en una mente ocupada no hay tiempo para ansiedades.

- **Reestructuración:** la ansiedad se ubica en el lugar que le corresponde utilizando los programas mentales

Carmen tienes 24 años y le molesta mucho estar en lugares cerrados y pequeños. Tanto así que esto le impide muchas veces asistir a sus clases académicas en la universidad.

¿Qué tiene que hacer cuando aparezca la ansiedad en el momento de crisis?

- **Primero (Calma):** en el momento de crisis, Carmen tiene que calmarse, porque si está alterada no podrá hacer un discernimiento correcto de la realidad. Qué tiene que hacer en este primer paso:

  ✓ Realizar prácticas, ejercicios de respiración abdominal, ya los aprendiste.

  ✓ Romper la línea de tus pensamientos ansiosos, deja de auto asustarte pensando en lo malo que podría pasar. No dejes que el miedo nuble tu raciocinio. Frena inmediatamente tus ideas fatalistas.

  ✓ Rompe el patrón de tu comportamiento en tu cuerpo. Muchas personas, cuando están ansiosas, presentan un comportamiento característico, por ejemplo, se frotan constantemente las manos, muestran hiperactividad, hacen movimientos con la boca, cejas, ceño, etc. Deja de hacer esos movimientos corporales. Cálmate y serénate inmediatamente.

  ✓ Practica la visualización. Cierra los ojos y visualiza lo que más te guste, aquel lugar donde te gustaría ir de vacaciones; imagina que estás en ese lugar soñado, siente la tranquilidad y quietud, visualiza los detalles visuales, auditivos y kinestésicos de tu lugar soñado. Imagina como la tranquilidad invade tu cuerpo por completo, siente cómo va recorriendo tu cuerpo.

Entonces, este primer paso (calma) lo resumimos en:

- ✓ Respiración (mínimo cinco veces a más).

- ✓ Romper la línea de tus pensamientos ansiosos que te sabotean. Deja de lamentarte y pensar: "Por qué a mí".

- ✓ Rompe el patrón de conducta corporal ante la ansiedad. Deja de realizar los movimientos comunes en ti respecto a la ansiedad. No permitas que la ansiedad se exprese en tu cuerpo.

- ✓ Practica la visualización de aquel lugar o paisaje soñado donde te gustaría estar, imagínalo con todos tus sentidos.

- **Segundo (Razón):** aquí analizamos la ansiedad y qué la provoca, para hacer este paso, recuerda que tienes que estar calmado o calmada.

Para proceder con este análisis, responde las siguientes preguntas:

- ✓ ¿Qué hace que aparezca la ansiedad, en este momento?

- ✓ ¿Qué la activó o qué la desencadeno?

- ✓ ¿Por qué te sientes ansioso o ansiosa?

✓ ¿Te molesta estar en un lugar cerrado? y ¿por qué te molesta?

✓ ¿Qué tan desagradables son los pensamientos que te produce este miedo?

✓ ¿Es lógica la ansiedad que te produce este temor? ¿Crees que es una miedo lógico y proporcional?

✓ ¿Son lógicos esos pensamientos? ¿Te parecen lógicos?

✓ ¿Qué experiencia crees que has tenido en el pasado para que hoy te moleste tanto estar en un lugar cerrado?

✓ Si las demás personas están dentro de un lugar cerrado sin que esto les moleste ¿Por qué a ti sí te molesta? Si a ellos no les molesta quiere decir que hay algo desproporcionado en el impacto de este miedo. Por lo tanto, la percepción que tengo de este temor es desproporcionar a lo que verdaderamente es.

Cuando hayas respondido a todas las interrogantes anteriores; llegarás a una conclusión; tienes que dar una conclusión final basada en todas las preguntas anteriores ya respondidas. Esta conclusión es una afirmación absoluta, es un decreto. Por ejemplo:

✓ En el caso de Carmen: según el razonamiento hecho, el temor que tengo se debe a que cuando era niña en una ocasión mis hermanos me encerraron en el closet y no me dejaron salir por un buen tiempo, desde aquella ocasión tengo miedo de estar en lugares cerrados. Ya casi no recordaba este suceso, pero creo que ahí reside todo mi temor. Nunca lo superé y solo me envolvía en el miedo. Lo que ahora me sucede es normal, todos tenemos miedos, si bien no son los mismos, todos le tememos miedo a algo. Lo que siento es desproporcionado a lo que en verdad significa y es absurdo que me moleste a mí cuando hay muchas personas a quienes no les molesta. En conclusión, los miedos son ilógicos e infundados.

Concluyo diciendo que este temor es producto de una mala experiencia no superada, que se ha ido complicando con el tiempo. La única forma de superar este miedo es enfrentándose a él, si no lo hago ahora irá aumentando con el tiempo y se volverá un problema mayor.

Por lo tanto: "Es un miedo irracional, producto de una experiencia no superada y la única forma de vencerla es enfrentarse a ella". Esta es la afirmación absoluta.

Luego que el razonamiento ha sido realizado y el decreto o conclusión han sido dados, tienes que prometer no volver a pensar en ello. Sería insulso hacerlo porque ya pensaste en ese "miedo", en este caso la claustrofobia, y siempre tienes que seguir hacia adelante, nunca para atrás, por esa razón, no volverás a pensar en eso.

En caso de que los pensamientos vuelvan, menciona tu decreto, tu conclusión:

En el caso de Carmen, cuando vuelva el miedo a estar en un lugar cerrado, evitará pensar en ello, mencionando solamente su conclusión final, su decreto: "Es un miedo irracional, producto de una experiencia no superada y la única forma de vencerla es enfrentarse a ella".

El enfoque: recuerda que tienes que respirar y oxigenar tu cuerpo mediante la respiración abdominal que ya aprendiste. Recuerda siempre pensar en tu objetivo (dominar la ansiedad) y lo que hagas ahora contribuirá a que logres ese objetivo próximamente.

- **Tercero (Distracción):** cuando ya estés calmada o calmada, hayas hecho el razonamiento apropiado en base a tu temor, y tengas ya listo un decreto final, procederemos a la distracción.

Los pensamientos ansiosos van a tratar de aparecer de nuevo, porque esa es su naturaleza, aquellos pensamientos se han obsesionado con nosotros y no nos dejarán sin dar pelea. El ignorarlos no es suficiente, porque harán la lucha para que vuelvas a pensar en ellos.

La distracción es una buena herramienta para disuadir a los pensamientos ansiosos, pero tienes que hacerla en algo que te guste, en alguna actividad que te sea placentera. Al principio los pensamientos te atacarán con mucha fuerza, pero si no les prestas atención se irán debilitando, hasta desaparecer. Te lo aseguro.

Si tú cedes a los pensamientos ansiosos, estos se hacen más fuertes; pero mientras más los ignores, se vuelven más débiles. Es importantísimo que antes de ignorarlos hagas el proceso de racionalización y obtengas una conclusión final.

La distracción es importante, porque de ella depende el que vuelvas o no a caer de nuevo en la ansiedad.

- **Cuarto (Reestructura):** con todo este procedimiento, estamos creando varios programas mentales:

✓ El primero: nosotros dominamos la ansiedad y no al revés.

✓ El segundo: la ansiedad siempre se puede dominar.

✓ El tercero: ese miedo específico, en el caso de Carmen "claustrofobia", es ilógico.

✓ El cuarto: implantaremos una nueva forma para dominar la ansiedad. Un mecanismo que aplicaremos a futuro en las obsesiones venideras.

✓ El quinto: para obtener paz no es necesario realizar alguna acción, como beber, fumar etc., sino que basta con calmarnos, racionalizar, distraernos y reestructurar.

✓ El sexto: la ansiedad, por sus características, es la hace que surjan esos malestares, no porque haya una problema en ti.

✓ Las crisis de ansiedad son las que producen esas reacciones fisiológicas, cognitivas y motoras. Nadie muere de ansiedad. Ten presente esto.

Eso son algunos de los programas mentales que se crearían cuando aprendemos a dominar la ansiedad.

Con este proceso, la ansiedad que produce este tipo de pensamientos considerados ilógicos estaría en su lugar correspondiente. Así que la ubicamos en su respectivo lugar, la ansiedad acorde al tipo de peligro.

Con la reestructuración de la ansiedad colocamos en el nivel que le corresponde a la ansiedad de verse abatido por un pensamiento obsesivo.

- *La visualización:* aquí tienes que empezar a contar de atrás hacia adelante, elije un número por ejemplo; cincuenta e inicia el conteo regresivo lentamente. Recuerda visualizarte feliz en un lugar ventilado y abierto, y que al llegar al número cero estarás completamente calmado o calmada y que la ansiedad ya habrá desaparecido.

Recopilando:

En las personas que tienen fobia, la ansiedad se dispara por cosas en algunas ocasiones insignificantes, cosas que no pueden dañarte, lo que tenemos que hacer en ese momento para controlar la ansiedad es:

- Primero: calmarnos.

- Segundo: encontrar el causante de esa ansiedad y someterlo a un proceso de racionalización.

- Tercero: para ignorar y no ceder a la ansiedad, tienes que distraerte, de preferencia en la actividad que más te guste.

- Cuarto: en este último paso, tu nivel de ansiedad se reestructura. Por ejemplo:

Imaginemos una escala de ansiedad, la cual va del número 1 al número 10.

El número 1: significa ausencia de ansiedad.

El número 5: significa ansiedad media.

El número 10: significa alta ansiedad.

– ¿Cuál es el grado de ansiedad que produciría el estar frente a una persona que te está apuntando con un revólver?

Pongamos que es un grado número 9 en nuestra escala.

– ¿Cuál es el grado de ansiedad que te produciría no asearte compulsivamente las manos o no realizar ningún otro ritual que no puedas dominar hasta ahora?

Seguramente el grado de ansiedad podría ser un número 9.

En estos dos casos, te das cuenta que los niveles de ansiedad en el obsesivo compulsivo son muy altos y desproporcionados, y eso ha ocurrido porque hasta ahora solo hemos cedido a la obsesión sin antes realizar los cuatro pasos para dominar la ansiedad.

El proceso de colocar el grado de ansiedad adecuado a las obsesiones en el trastorno obsesivo compulsivo se llama reestructuración del grado de la ansiedad.

En el ejemplo anterior (frente al revólver y el aseo) ¿te has percatado que el grado de ansiedad que percibe el obsesivo compulsivo es el mismo pero que el peligro que la desencadena no lo es?; hay una desproporción en los niveles de ansiedad.

Una persona ansiosa tiene un "comportamiento ansioso" y rumiante, es decir, que piensa y piensa y vuelve a pensar en el peligro al cual se enfrenta, por esa razón, la distracción es la clave para aliviar la ansiedad.

La ansiedad solo es un conjunto de sensaciones, solo es eso. Entonces, cuando sientas ansiedad, ríete de ella, rompe su patrón rumiante y la vencerás para siempre.

Tu ansiedad esta fundada por un miedo; hay algo que la dispara

Y es lo que crea un estado de alarma generando un programa mental, cuando el pensamiento obsesivo sea identificado junto con sus causas (Conocimiento), y estas hayan sido racionalizadas (Racionalizacion), hay que redireccionar la ansiedad y enfocar la necesidad ansiosa que sientes en otra actividad.

Recuerda que dominar la ansiedad es un estilo de vida, es una forma de vida, si quieres dominar la ansiedad tienes que comportarte como una persona que domina la ansiedad.

En este camino hacia un vida libre de ansiedades y miedos yo estoy siempre a tu lado.

Atte,

Alexander Rodríguez Guzmán

www.ingramcontent.com/pod-product-compliance
Lightning Source LLC
Chambersburg PA
CBHW050503290526
45786CB00006B/2417